ぼくたちはChatGPTをどう使うか

東大カルペ・ディエム 著
西岡壱誠 監修

三笠書房

はじめに
これからを生きるみんなに考えてほしいこと

みなさんは、「時代の流れは早いな」と思ったことはあるでしょうか。

そしてそう感じた経験があるとしたら、みなさんはどんなきっかけ、タイミングでそう思いましたか?

私たちは、やっぱり<u>「ChatGPT-4」の登場</u>です。<u>「とんでもないものが出てきてしまったな」</u>という印象でした。これがあれば、学校の先生の役割も大きく変わるかもしれないし、学校現場での宿題の出し方や課題の作り方は大きく変わってくるのではないか、と感じさせられました。生徒の質問対応を先生の代わりにChatGPTが一部でも担えば先生の働き方改革も進むかもしれないし、地方と都会で教育格差が少なくなるかもしれない。いい意味で、教育の世界に新しい風

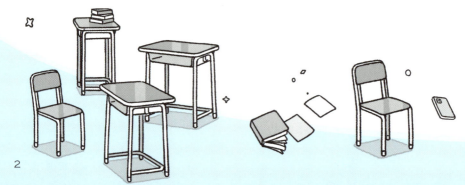

が吹くきっかけになるのではないか、と。

　でも、それと同時に、こうも感じたのです。「ああ、これを使いこなせるようになる人とそうでない人とで、大きく差が生まれてしまうだろうな」と。非常に便利なものであり、これを使いこなせばどんどん学力を伸ばしていけるツールであるChatGPT。でも、使い方によっては逆に、自分の頭を悪くしてしまう危険性もあります。ChatGPTをうまく活用できる人とそうでない人とでは、天と地ほどの差が生まれてしまうのではないか、と。

　時代の流れは、年々早くなっています。そしてその流れに乗ることができる人は、その恩恵をたくさん得られることでしょう。

　でも一方で、流れに飲み込まれて流されてしまう人も現れてしまうかもしれないのです。使いこなせる側とそうでない側、流れに乗る側と流される側。

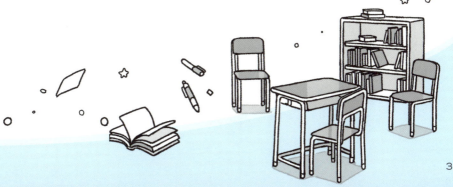

この差は、本当にこれから大きくなっていってしまうのではないかと思うのです。
　このような中で本書は、**そんな時代の流れに乗って、新しい技術とどう向き合えばいいのか**についてまとめた本です。実際に東大に合格している人たちがどのようにChatGPTを活用していたのかを取材し、自分たちでもChatGPTを使ってみて、その結果として見えてきた**「いい使い方」**と**「ダメな使い方」**をみなさんに紹介させていただきます。
　そしてこの本でお話しするのは、「ChatGPTという新技術をどう使うか」だけではありません。ChatGPTの使い方を通して、「新しい技術が次々に生まれ、世の中の変化が速い時代に、どのように向き合うのか」という問いに関しても、答えをみなさんに共有させていただこうと思います。

とはいえ、**私たちの答えが「すべて」ではない**と思っています。

「これから登場するであろう、多くの新技術と、どのように向き合うか」という問いは、**これからの時代を生きる上で、みなさん一人ひとりが常に考え続けていく必要がある**ものだと考えられます。この問いを考え続けられる人であれば、ChatGPTだけでなく、これからの技術を「使いこなせる側」になっていけるのではないでしょうか。

ぜひ、考え続けながら、この本を読んでいただければと思います！

　　　　　　　　　　　東大カルペ・ディエム

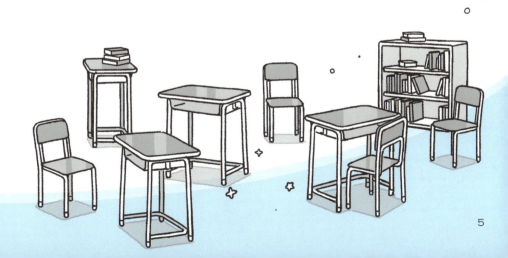

Contents

はじめに
――これからを生きるみんなに考えてほしいこと ……… 2

無料アカウントを作成しよう ……………………………… 12

キャラクター紹介 …………………………………………… 14

基本編 1時間目 ChatGPTって何なの？

AIが人類を滅ぼす!? ………………………………………… 16

ChatGPTのことをChatGPTに聞いてみると…… ……… 19

生成AIと今までのAIとの違いは？ ……………………… 23

ChatGPTの開発にぼくたちも参加している!? ………… 27

ChatGPTが人間をわざとダマす？ ……………………… 31

AI相手なら、どんな質問でも怒られない ……………… 33

ぼくらが生きるＶＵＣＡの時代って？ ………………… 37

★1時間目の振り返り ……………………………………… 40

基本編 2時間目 ChatGPTを宿題に使うのはアリ？

ChatGPTの回答を宿題でコピペしてみると……	42
ChatGPTは論理的に考えられない!?	47
「齟齬」をChatGPTは何と読んだ？	50
「疑う力」が身につくウソ発見ゲーム	52
回答への不安は、「情報ソース」を調べて解消	54
先生が宿題を出す意図を考えてみる	55
ChatGPTの回答に自分の個人情報が!?	58
ChatGPTは小説も書けるけど……	61
★ 2時間目の振り返り	64

ChatGPTで上がる「質問力」
基本編 3時間目

- 質問のときに困る相手との「ズレ」 ………… 66
- 上手な質問を生み出す「分解思考」 ………… 71
- 東大生の遊んで覚える暗記法 ………………… 78
- 効果バツグンの「自作テスト」のやり方 …… 83
- 「何がわからないか、わからない」ときは？ … 86
- ★ 3時間目の振り返り ………………………… 91

「論理的思考力」を効果的に鍛える数学の学び方
実践編 4時間目

- なぜ数学を学ぶのか？ ………………………… 94

人生は数学	99
自分に合う問題を作る3つのステップ	102
紙の問題集ではできない、とっておきのAI活用法	107
応用問題を解けるようになるには？	112
ChatGPTがあれば、人間の先生はいらない？	117
ChatGPTに図形の問題を作らせたら……	119
★4時間目の振り返り	124

実践編 5時間目　英語の勉強で「ものの見方」を広げる

ChatGPTのきれいな発音でシャドーイング	126
自由英作文の採点が驚くほど速くて簡単	131
自由英作文で大事なのは「書きやすさ」	135
「批判的思考」を身につけて、対立から解決へ	138
英作文は「言い換え力」で減点を防ぐ	141

苦手なテーマの長文問題もAIの力で克服 ……………… 144
「英語の長文がニガテ」を解決する必須テクニック …… 148
長文を読む速さをさらに上げるもう1つのコツ ………… 152
AIが訳すから、英語の勉強は無意味？ ………………… 155
★5時間目の振り返り ……………………………………… 158

実践編 6時間目 「要約力」こそ国語のカギ

国語を勉強する意味って？ ………………………………… 160
「文章力」と「読解力」を上げる練習法 ………………… 163
「言いたいこと」の見つけ方 ……………………………… 168
読書感想文にAIを使ってもいい？ ……………………… 170
ChatGPTの要約があるから、読書はいらない!? ……… 174
もしも読解力がなかったら…… ………………………… 179
★6時間目の振り返り ……………………………………… 182

ぼくたちはAI時代にどう学ぶか？

実践編 7時間目

- AIがあるから、ぼくらは勉強しなくてよくない？ 184
- イージーアンサーに満足してはいけない 187
- そもそも勉強する意味って？ 189
- 結局、何を勉強すべき？ 193
- 勉強で大事なのはtakeの姿勢 197
- しっかり悩むから、たくましくなれる 200
- ★ 7時間目の振り返り 204

監修者から
  —— ずっと学び続けられる大人に 206

〈おことわり〉
・本書は2024年11月までの情報をもとにしています。そのため、最新の技術や社会情勢とは異なる場合があります。
・ChatGPTの性質上、本書と同じ質問をしても同じ回答が返ってくるとは限りません。
・ChatGPTの操作方法など、本書の内容を超える技術的なお問い合わせには一切応じられません。
・本書で紹介する方法を試して情報機器や通信機器などに不具合が生じても、著者、監修者、出版社を含む本書の関係者は一切の責任を負いません。
・ChatGPTはOpenAIの登録商標です。

無料アカウントを作成しよう

この本では、ログインしてChatGPTを利用するよ。念のため、アカウントの作り方を説明しておくね。

1 サインアップをクリック

2 メールアドレスを入力し、「続ける」を押す

3 パスワードを決めて入力し、「続ける」を押す

❹ メールが届くので「メールアドレスの確認」を押す

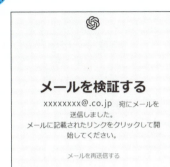

メールが届かないときは「メールを再送信する」を押す。メールアドレスが間違っていたときは「 」に戻って正しいアドレスを入れてね。

❺ あとちょっとだけ質問に答えて「同意する」を押す

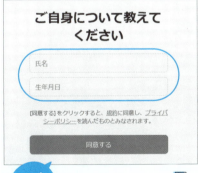

\\ **アカウント作成完了！** //

キャラクター紹介

西岡先生

今回、特別講師としてやってきた東大生。学年ビリ、2浪を経て東大に合格した苦労人。その経験をもとに、全国の学校をまわって成績を上げるコツを伝えている。まさに「リアルドラゴン桜」。

ショウタ

頭の中はゲームのことでいっぱいの中学生男子。もう、ずっとやっていたい。勉強はあまり好きではなく、できれば時間もかけたくない。すでに宿題でChatGPTを使ったことがある。

アイ

英語が好きな中学生女子。まじめ性格で、勉強は嫌いではない。本人は気づいていないが、実はクラスの男子から結構人気がある。ChatGPTは使ったことがなく、そもそも最新の技術自体に疑いの目を向けている。

基本編

1時間目

ChatGPTって何なの?

AIが人類を滅ぼす!?

じゃあ、ChatGPTを使った勉強法についての授業を、ここから7回に分けてやらせてもらいます、講師の西岡です。よろしくお願いしまーす！　ショウタ君とアイさんだよね？

……。

……。

……あれ、違った？

そうなんですけど、私たち情報の先生に頼まれてここに来ただけで。

ぶっちゃけ、早く帰ってゲームしたいんすよね。

そんなはっきりと言わないでよ!?　で、でもChatGPTを使いこなせるようになったら、きっと力になるはずだよ？

私、ITとかAIとか、**ちょっと信用できない**っていうか。

ええ!?

人間の知識ならまだ信用できるけど、ロボットとか機械って間違ってそうだし。

そ、そんなことないと思うけど……。ショウタ君もそんな感じ?

いや、俺は全然そんなことは思ってないし、もうChatGPTは宿題に使ってるよ。だから、あんまり聞かなくてもいいかなって。どうせ知ってる話ばっかだろうし。

お、おお……正反対だな二人とも(授業やりづら)。

AIは人類のことを滅ぼそうとしていて、その足掛かりとして私たちに間違った知識を与えているんでしょ?　**SNSで動画が回ってきました。**

なんでそんなの信じちゃうの!? 大体、AIなんてとっくにあちこちで使われているよ。ショウタ君、どんなものにAIが使われているか知ってる？

 ゲームの敵キャラの動きとか、音声案内とか、家電とか？

 そうだね。ゲームで人間が操作しないキャラはAIが操作しているね。他にも、身近なところにAIが活用されているんだ。アイさんだって使っているんじゃないかな。

自動運転車、アバター作成、ロボット掃除機……AIはすでにみんなの近くでたくさん使われている

 確かに、うちにもお掃除ロボットがあるけど……でも、ChatGPTは危険がいっぱいだって。

どんだけ!? それは使い方次第だよ。じゃあ、今日は1回目でもあるし、「そもそもChatGPTとは何か？」ということからお話ししようか。

 AIはとっくに私たちにとって身近な存在

ChatGPTのことをChatGPTに聞いてみると……

ショウタ君はChatGPTをよく使っているみたいだけど、そもそもChatGPTとは何か知ってる？

まあ、こっちの質問にいい感じでAIが回答してくれるツール、みたいな？

ネット検索で答えを得るのとは違うのよね。

こういうときこそ、ChatGPTに聞いてみたらいいんだよ。

え、ChatGPTのことをChatGPTに聞くの!?

そもそもChatGPTって何なんですか？

 ChatGPTは、OpenAIによって開発された大規模な言語モデルです。具体的には、GPT（Generative Pre-trained Transformer）というアーキテクチャに基づいています。以下はChatGPTの主な特徴と機能です：

1. 自然言語処理：ChatGPTは人間のように自然な言葉で対話する能力を持っています。質問に答えたり、情報を提供したり、文章を生成したりすることができます。
2. 広範な知識：多くのトピックに関する知識を持っており、ユーザーの質問に応じて様々な情報を提供できます。学術的な質問から日常生活に関するアドバイスまで、多岐にわたるトピックに対応可能です。
3. 学習データ：大量のテキストデータを元に学習しており、書籍、記事、ウェブページなどの多様なソースから知識を得ています。ただし、学習データには2023年までの情報が含まれており、それ以降の出来事についてはリアルタイムの情報は持っていません。
4. 対話形式：ユーザーとの対話形式で情報を提供し、質問に答えるだけでなく、会話の流れに応じて適切な応答を行います。ユーザーの入力に基づいて柔軟に対応します。
5. 多言語対応：複数の言語で対応可能で、日本語、英語、その他多くの言語での対話が可能です。

要するに、ChatGPTは強力なAIツールであり、幅広い用途に利用できます。学術的な質問、創造的な文章作成、日常のアドバイスなど、様々なシナリオで役立つことができます。

 らしいよ。

いやいや、**全然わかんないって。**

 もうちょっとわかりやすくならないの？

 じゃあ、こう質問をしてみよう。

 すみません、大体わかったんですが、中学生でもわかるように説明し直してもらってもいいですか？　よろしくお願いします。

 もちろんです！　ChatGPTを中学生向けに簡単に説明しますね。

ChatGPTとは？

1. 会話ができるロボット：ChatGPTは、コンピューターで動く頭のいいロボットみたいなものです。人とおしゃべりしたり、質問に答えたりできます。
2. たくさんの本や記事を読んで勉強：ChatGPTはたくさんの本や記事を読んで、いろんなことを勉強しました。だから、いろんなことを知っていて、質問に答えることができます。
3. 日本語も英語もOK：ChatGPTは日本語も英語もできるので、どっちでも話しかけられます。
4. 使い方は簡単：質問を入力すると、すぐに答えを返してくれます。たとえば、「今日の天気は？」とか「宇宙について教えて」といった質問にも答えてくれます。
5. リアルタイムの情報はちょっと苦手：ChatGPTは2023年までの情報をたくさん知っていますが、それ以降の最新の出来事は知らないこともあります。でも、一般的な知識や過去の出来事に

ついてはたくさん知っています。

要するに、ChatGPTは質問に答えたり、いろんなことを教えたりしてくれる頭のいいコンピューターロボットです。学校の勉強や趣味の調べものに使ってみると便利ですよ！

 簡単になった！

 でしょ。ChatGPTは会話型のAIだから、ただ質問に答えてくれるだけじゃないんだ。

 会話型？

 そう。相手とコミュニケーションを取っていくかのように、「簡単にして！」とか「もっと詳しく！」って会話しながら、欲しい回答をもらっていくことができるんだ。

 会話型だから、ChatGPTには"Chat"（チャット）ってついているんだ。

 すげーな。作った人、天才だな。

 ChatGPTを作ったのは、アメリカのサム・アルトマンらが設立したOpenAIという会社だよ。まだまだChatGPTは進化の途中でバージョンアップが続けられているんだ。

サム・アルトマン

1985年、アメリカ合衆国生まれ。スタンフォード大学でコンピュータサイエンスを学ぶが、中退。2015年にOpenAIを共同で創業した。

まとめ ChatGPTは会話してくれる頭のいいコンピュータ

生成AIと今までのAIとの違いは？

 でも、なんでこんなことができるんですか？ 知識はどこから得ているんですか？

 じゃあ、それも聞いてみようか。

 それもChatGPTに聞くんかい！

ChatGPTは、なぜさまざまな質問に答えられるんですか？

 ChatGPTがさまざまな質問に答えられる理由は、次のようなポイントがあります：

1. 大量のデータで学習：
   ChatGPTは本や記事、ウェブサイトなどから集めた大量のテキストデータを使って学習しています。これにより、たくさんの知識を持つことができるのです。
2. 機械学習の技術：
   ChatGPTは「機械学習」という技術を使って、人間の言葉のパターンを理解しています。この技術のおかげで、人がどんな質問をするのか、どう答えればいいのかを学ぶことができます。
3. トレーニング：
   ChatGPTは人間の専門家によってトレーニングされています。専門家がChatGPTにたくさんの質問をして、その答えが正しいかどうかを確認しながら、より賢くなるように教えているのです。

（中略）

要するに、ChatGPTは大量のデータと高度な技術を使って、人間の言葉を理解し、適切な答えを出せるように学習しているから、いろんな質問に答えられるのです。

 どういうこと？

 つまり、ChatGPTはたくさんのデータを学んで、その情報を使って答えを出しているってこと。こういうAIを「生成AI」と言うよ。

セイセイエーアイ？

膨大なデータをインプットして、文章や音楽、イラストなどを新たに生み出してくれるAIだよ。ちなみにChatGPTを正式名称で書くと、こう。

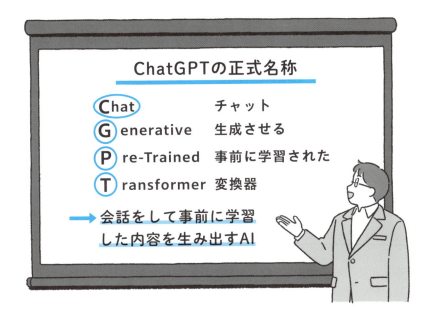

それって、今までのAIとどう違うの？

大きな違いは「新たに生み出す」ってところだね。今までのAIは、「当てはまる／当てはまらない」といった識別や、過去のデータから将来を予測することに使われていたんだ。

生成AIは新たに情報を生み出す

 確かにコピペじゃなくて、文章を作ってるもんな。

 しかも、めちゃくちゃ速い。**なんか悔しい！**

まとめ 生成AIは大量の情報から新しい情報を生み出す

ChatGPTの開発に
ぼくたちも参加している！？

うーん……でも、**答えが間違っていることはないんですか？** ちょっと心配……。

心配しすぎだよ。

いやいや、そんなことはないよ。実はChatGPTは完璧じゃないし、間違う可能性もあるんだ。

え、コンピュータって万能なんじゃないの？

そういうわけではないんだよなあ。とりあえず、ChatGPT自身に聞いてみようか。

（またChatGPT頼み……）

ChatGPTの質問が間違っている可能性があるとしたら、どういうときなのでしょうか？

ChatGPTが間違った答えをする可能性がある状況は以下のような場合です：

1. 最新の情報についての質問：
   ChatGPTは2023年までの情報を基にしています。それ以降の最新の出来事や最近の変化については知らないため、間違った情報を提供することがあります。

2. 専門的で非常に詳細な質問：
   一部の専門的なトピックについては、細かなニュアンスや最新の研究成果を正確に反映できないことがあります。

3. 曖昧な質問：
   質問が曖昧だったり、複数の意味を持つ場合、誤解して間違った答えをすることがあります。

（中略）

6. 誤情報や偏った情報：
   学習データに誤情報や偏った情報が含まれていた場合、それに基づいて誤った答えを生成することがあります。

7. 複雑な推論が必要な場合：
   非常に複雑な推論や計算が必要な質問に対しては、正確に答えることが難しい場合があります。

ChatGPTを利用する際には、提供される情報が必ずしも正確であるとは限らないことを念頭に置き、重要な情報や決定を下す際には複数の信頼できる情報源を確認することが大切です。

このうち、一番可能性があるのは6番と7番だね。「誤情報や偏った情報」と「複雑な推論が必要な場合」に関しては、なかなか排除するのが難しい。詳しいことは後でお話しするけど、どんなにがんばっても、**ChatGPTが間違った情報を学習しちゃった場合や質問が曖昧だった場合**には、なかなか適切な答えは出ないんだよね。

ネットにはウソも多いから。

間違いってそんなに多いの？

うーん、どれくらい間違っていて、どうすれば信用できる情報が得られるのかについてはまた今度お話しするとして、間違いはどんどん修正・改善されていくんだよ。**ChatGPTの一番の特徴は、我々のこのやり取りも学びに生かしている**ということだからね。

このやり取りも学びに……？

そう。例えば、ChatGPTに質問した際に、2つの答えが出てくることがある。そして、「どちらがあなたにとってわかりやすかったですか？」って聞いてくるんだ。それを選ぶと、今度同じ質問をする人には、もう片方を回答するようになるんだ。

こんな画面出てきたことあったわ！

他にも、ChatGPTが間違った回答をしてしまったときに、「それは違いますよね、こうですよね」って返すと、間違いを修正してくれるんだ。

へえ、俺らの回答が役に立つんだ。

そう、ChatGPTは、みんなで作っていくものなんだよ。いわば、Wikipediaと似た感じかな。

あの無料の百科事典？

そう。Wikipediaがみんなで編集することで量も質もよくなるように、ChatGPTも使う人が多ければ多いほど、いろんな知識が得られるものなんだよ。実際、バージョンアップするたびに、回答がよくなっているんだ。

 ChatGPTはみんなで作るもの

ChatGPTが人間をわざとダマす?

ちなみに、ChatGPTが人間に対してわざと間違った情報を与えたりすることはないんですか?

疑り深いなあ。

だって、間違った知識を教えようとしてるかもしれないじゃない！ こちらに悪意をもって接している可能性だって捨てきれないはず！

じゃあ、それもChatGPTに聞いてみようか。

え、そんなことも聞くの!?

ChatGPTが、人間に対してわざと間違った情報を与えたりすることはないんですか？

ChatGPTは、人間に対してわざと間違った情報を与えるようには設計されていません。以下の理由からです：

1. 目的：
ChatGPTの主な目的は、ユーザーに有益で正確な情報を提供することです。意図的に誤った情報を提供することは、この目的に反しています。

2. プログラムの仕組み：
ChatGPTは、与えられたデータに基づいて最も適切と思われる答えを生成するアルゴリズムです。悪意や意図を持つことはありません。ただし、アルゴリズムの限界や学習データの偏りによって、結果的に誤った情報を提供することはあります。

3. 倫理的ガイドライン：
OpenAIは、AIの倫理的な使用を重視しており、ChatGPTの開発や運用においても倫理的なガイドラインに従っています。意図的にユーザーを誤解させるような設計は行われていません。

（中略）

ただし、以下のような場合に誤った情報が提供される可能性があります：

- データの限界：学習データに基づいているため、データに誤りが含まれている場合、その影響を受けることがあります。
- 理解の限界：複雑な質問や曖昧な表現に対しては、意図を正確に理解できず、誤った答えを返すことがあります。
- 情報の更新：最新の情報にアクセスできないため、古い情報に基

づいた回答をすることがあります。

ユーザーとしては、重要な情報や決定を下す際には、信頼できる他の情報源と照らし合わせることが大切です。

結局、どういうこと？

つまり、**ChatGPTが作られた目的から言って、わざわざ間違った情報を与えるようにはプログラムされていない**わけだよ。ウソを言うメリットも特にないし。

まあ、人間だってウソを言うこともあるし、AIが特別悪者ってわけじゃなさそうだけどなあ。

まとめ ChatGPTは人間をダマすようにはプログラムされていない

AI相手なら、どんな質問でも怒られない

ふ〜ん。でもさっきの回答を見ると、やっぱり限界もあるみたいですね。

そうだね。でもさっき言ったように、多くの人が使えば使うほど、どんどん精度が上がっていくようになる。みんなが欲しい答えの精度が上がっていくわけだ。

うーん、情報の更新とかはわかるけど、「理解の限界」ってどんなのかわからないなあ。

よし、それも聞いてみようか。

複雑な質問や曖昧な表現とは、具体的にはどのようなものですか？

複雑な質問や曖昧な表現の具体例を挙げると、以下のようなものがあります：

複雑な質問
1. 高度な科学的質問：
- 例：「量子力学における波動関数の収縮について説明してください。」
- 解説：高度な専門知識を要するため、簡潔かつ正確に説明するのが難しい場合があります。
2. 複数のステップを必要とする計算問題：
- 例：「ある株式の現在価値を、将来のキャッシュフローの現在価値を割引率5％で計算して求めてください。」
- 解説：複数の計算ステップや専門的な知識が必要なため、誤りが生じる可能性があります。

（中略）

曖昧な表現
1. 多義的な言葉を含む質問：
- 例：「プラントが好きですか？」
- 解説：「プラント」は植物の意味もあれば、工場の意味もあります。文脈がないと、どちらを指しているか判断がつかないことがあります。

2. 不明確な文脈：
- 例：「彼はどう思いますか？」
- 解説：「彼」が誰を指しているのかが不明確なため、正確な回答ができません。

（中略）

まとめ

- 複雑な質問は、高度な専門知識や多段階の推論が必要なものです。
- 曖昧な表現は、文脈や具体的な情報が不足しているため、解釈が難しいものです。

これらのタイプの質問や表現に対しては、補足情報を提供したり、質問を具体的にしたりすると、より正確な回答を得やすくなります。

まあ、いろいろ言ってるけど、基本的には**「答えるのが難しい質問には答えられませんよ」**ってことだね。そのへんは人間と同じって考えればいいよ。

確かに「彼はどう思いますか」っていきなり聞かれても、「彼って誰？」ってなっちゃいますね。

そうだね。人間相手だと、相手をイラつかせるかもね。でも、相手がAIだったら、自分の質問が変かどうかなんて気にしなくていい。

どういうこと？

例えば「自分がモテないのはなぜですか？」みたいな質問は、人間だと答えにくいこともあるよね。

そうだなあ。下手したら、相手を傷つけちゃいそう。

でも、AIなら率直に教えてくれるんだ。他にも「分数の割り算ってどうやるんですか」みたいな小学生レベルの質問も、人には聞きにくいよね。

確かに、聞いたらバカにされそう。先生に聞いたら「そんなこともわからないのか！」とか怒られるかも。

でしょ。でも、AIはそんなことしない。その意味で、**AIには人間よりも安心して何でも聞ける**という側面もあるんだよ。

まとめ どんな質問をしても、AIにバカにされる心配はない

ぼくらが生きる VUCAの時代って?

 ふーん。まあ、便利なのはわかったけど、ChatGPTって、不完全なのに世の中に出回ってるんだ。**変なの。**

 そうかい？

 普通、世に出る製品って完璧なものなんじゃないの？ ゲームだって、不具合をなくしてから販売するじゃん。なのに、ChatGPTは今の段階では完璧な回答ができなくて、使う人が増えれば精度が高くなっていくって、おかしくない？

 いい質問だね。 実はそのことって、これからの新しい時代の到来を意味しているかもしれないんだ。

 新しい時代？

 今の時代は、**「予測不可能な時代」**だと言われている。情報はどんどん新しくなっていくし、3か月前まで正しかった情報が間違いとされることだってある。

 まあ、アプリとかも、どんどん新しいものができてるよなあ。

 そうそう。それと同じように、今の時代はビジネスにおいても、ネットにおいても、**常識がコロコロ変化する時代**なんだ。みんなはもう学校でタブレットやパソコンを使って勉強するのは当たり前になっているよね。

でも、数年前まではそんな時代が来るなんて誰も予想できなかった。

確かに、ちょっと前までノートとシャーペンだったもんな。

そんな現代を「VUCAの時代」と呼ぶことがある。

ぶーか？

まあ平たく言うと、「移り変わりが激しい」ってことだね。今の時代、ITをはじめとする科学技術の進歩によって、どんどん新しいものが作られていくようになって、時代がどんどん変わっていくことを表しているんだ。

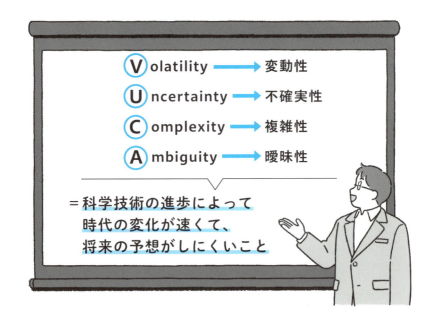

それが、ChatGPTとなんか関係あるの？

こんな変化の激しい時代だから、完璧だと思って製品を公開しても、技術や情報はすぐ古くなってしまう。**完璧なものができ上がることはないと言っていい。**だから、完璧になるのを待っているんじゃなくて、不完全でも公開して、間違いがあったらすぐに修正するほうが、今の時代に合っているかもしれない。しかも、特定の専門家だけではなくて、みんなでよくしていくっていうのは、昔じゃ考えられないよ。

私たちにとってはwikiとかグループチャットとかが当たり前で、「ネットのみんなで」っていうのに違和感ないけど、**先生みたいなおじさん**にとっては、すごい変化だったんだね。

せめて「**お兄さん**」と言ってくれ……。

う〜ん……**それは無理じゃね？**

（こ、こいつら……）と、とにかく、まずはChatGPTをいろいろな局面で使ってみてよ。じゃあ、今日の授業はここまで！

まとめ VUCAの時代、「完璧」を待っていてはいけない

1時間目の振り返り

>> 学んだこと

◎ ChatGPTって？
- 生成AIを使った頭のいいコンピュータ
- いろんな質問に答えてくれる対話型AI

人に聞きにくいことも聞ける！

◎ 生成AIって？
- たくさんのデータ（文章や絵など）を学んで、「こう作ればいいんだ」と考える仕組み
  ＝新しいコンテンツを生み出すAI
- 作ったものは間違っていることもある！

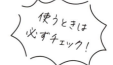

使うときは必ずチェック！

◎ VUCAの時代って？
- 「不確実で、将来がわからない時代」のこと
- 製品を公表してから完成を目指すのもアリ！

・❀・ やっておくこと ・❀・

- 身のまわりでのAIの活用例を挙げてみよう。
- まわりに生成AIを使っている人がいたら、どう活用しているか聞いてみよう。
- 「完全には完成していないのに公表されている製品」の例を考えてみよう（wikiなど）。

今日の感想
私たちから見たら先生はおじさん。

基本編

2時間目

ChatGPT
を宿題に
使うのはアリ？

ChatGPTの回答を
宿題でコピペしてみると……

ということで、本日はChatGPTの授業2回目です！　二人とも、よろしくお願いします！

はあ〜。

（ため息つかれた）ど、どうしたのかな？

さっき、社会の時間に宿題出したんですけど、「これ、ChatGPTで作っただろ！」って先生に怒られて。**あいつ、ほんと頭にくる！**

それでショウタは、さっきからずっとイライラしてるんですよ。

へえ、ChatGPTを使ってないのに怒られたんだね。

いや、使ったんだけどさ。

2時間目　ChatGPTを宿題に使うのはアリ？

使ったのかよ！　ちなみに、どんな宿題を、どんな感じで出したの？

「近郊農業について調べてくること」って宿題で、こんなふうにきちんと調べて書いて出したわけ。

 近郊農業って何ですか？

> 近郊農業（Suburban Agriculture）は、都市の近くや都市の周辺地域で行われる農業のことを指します。このアプローチは、都市化が進む中で食料の安全性や持続可能性を確保するために注目されています。以下に近郊農業の特徴と利点をいくつか挙げてみます。

1. 食料の安全性：都市近郊で生産された食品は、短い距離で消費者に届くため、新鮮で安全性が高いとされています。農産物の品質管理が容易で、輸送中の損失も少なくなります。

2. 持続可能性：近郊農業は持続可能な食料生産システムの一環として位置付けられます。都市と農地の近接性により、環境への負荷が低減され、農薬や化学肥料の使用量も減らすことが可能です。

（中略）

近郊農業は都市と農村の架け橋として、現代の社会問題に対する新たなアプローチを提供しています。

……。

……これは**完全にコピペ**だな。

いいじゃんかよ、別に。宿題は「近郊農業について調べること」で、何を使っても関係ないじゃん。何が悪いんだよ？ **大人だって、仕事でChatGPT使ってるじゃん！**

完全に悪いってわけじゃないんだけどね。でも、ショウタ君は**今回、ChatGPTの使い方を間違ってしまった**と言えるだろうな。

え、どこが？

アイさん、ショウタ君の回答を見て、どう思った？

そうですね……まあ、文章が硬いっていうのと、近郊農業について調べるって課題なのに、あんまりその質問に答えられていないような気がします。

そう？　ちゃんとまとまってると思うけど。

いやいや、**いい観点だよ**。アイさん続けて？

利点とか特徴はまとまっているけど、どこで、どんな農作物を作っているかが書いてなくて、結局、**近郊農業が何なのかよくわかんないっていうか。**

そうだね。コピペしただけだと、全然、近郊農業のことがわからないね。実は、**ChatGPTは答えに近いものは教えてくれる**けど、「答えそのもの」を教えてくれるわけじゃないんだ。

そうなんですか!?

AIが作り出すものは、
本物とおな……じ？

うん。なんとなく「それっぽいもの」を作るという点では、ChatGPTは優れものなんだ。でも、はっきり言って質問に対してしっかり答えてくれないときもあるし、間違いもある。

コンピュータなのに……。

ChatGPTは質問の文脈や背景を理解してくれるわけではないからね。だからこそ、使うときの注意点もあるんだよ。ということで今回は、**ChatGPTの限界**についてお話ししていこう。

> **まとめ** ChatGPTの答えが
> そのまま宿題に使えるとは限らない

ChatGPTは
論理的に考えられない!?

いろんな本の情報とかデータとか、いっぱい取り入れているのに、**なんで「それっぽいもの」を出してくるんだよ！**

うーん、説明が難しいんだけど、**ChatGPTって、物事を論理的に考えて文章を出力しているわけじゃない**んだよね。

論理的に考えていない？

例えば、こんな問題があるとする。

次の会話の空欄に入るのは1と2のどっち？

A「あと2〜3分で駅に着くよ」
B「待って、（　　）」
A「ありがとう、いつもなるんだ」

1　靴ひもがほどけているよ
2　もうずいぶん歩いたよ

こんなの答えは「1」に決まってるでしょ。

そうだね。今のChatGPTのバージョンでは、この問題に対して正しい答えが出せるんだけど、それよりも前のバージョンでは間違うことが多かったと言われているんだ。

ええ!?「2」だと明らかにおかしいじゃん!

なぜ2を選んでしまうのかというと、会話の中に「2〜3分」という表現があるから。「こんなふうに数字とか時間が入った表現の前後だと、『長い・短い』という表現が近くにある場合が多い」と、膨大なデータから分析した結果なんだ。

それで、時間の長さに関係する「2」のほうを選んじゃうんだ。

そう。膨大な量の文章データから「こういう質問が来たときは、こう答えるパターンが多いな」と判断して回答しているから、間違った情報を出力する場合があるんだよね。

テストの怪しいテクニックみたい。

人間みたいには考えていないってことね。

じゃあ、こんなクイズみたいなやつじゃなくて、普通の情報だったらミスらないのかな?

ところが、そうとも限らない。例えば、こんな感じ。

唾液アミラーゼの働きについて教えてください。

唾液アミラーゼは、口腔内で産生される消化酵素の一種です。主に唾液腺によって分泌され、口腔内の消化を助ける役割を果たします。唾液アミラーゼの主な機能は、炭水化物（主にでんぷん）の分解です。

（中略）

唾液アミラーゼの働きは消化プロセスの始まりを示し、口腔内で炭水化物の消化を開始することで、後続の消化器官（胃や腸）での消化を助けます。また、唾液アミラーゼは口の中のpHを中性から弱アルカリ性に調整する役割も果たします。これにより、口腔内の酸性環境を中和し、食物を消化しやすい状態に整えます。

 アミラーゼって、理科で聞いたことはあるけど……。

 「後続の消化器官（胃や腸）での消化を助けます」とあるけれど、炭水化物は胃で消化されることはないんだ。炭水化物は口と十二指腸で消化されるんだ。

 そこまで習ってないし、回答を見ても気づかないって！

 めちゃくちゃ難しい間違い探しだよ、これ。

 <u>きっと間違ったウェブサイトのデータを参照したから、回答も間違ったんだろうね。</u>だから、油断しちゃだめなんだ。

まとめ ChatGPTはネットで見つけてきた
「パターン」で答えている

「齷齪」をChatGPTは何と読んだ？

でも、そんな間違いってごく一部なんじゃないの？

他にも、こんなミスがあったんだ。

齷齪の意味を教えてください。

「齷齪（あくそつ）」は、日本語ではあまり一般的に使われない言葉で、古風な表現や文学作品で見られることがあります。この言葉は、汚い、みだらな、不潔な、といった意味を持ちます。主に物事や人物の状態を表現するのに使われ、否定的なニュアンスを含むことが一般的です。
（2024/5/24 ChatGPT-3.5）

これはわかる。齷齪の読みは「あくせく」！

よく知ってるね。意味は「小さなことにこだわって落ち着かないこと」なんだけど、回答はどうだい？

あー、全然違うこと書いてるね。そもそも「あくそつ」って……。

ChatGPTってどれくらい間違うものなの？

 正確にはなんとも言えないけど、個人的な感覚だと、完全に間違っている情報が100回に1回くらいかな。

 なんだ、結構少ないじゃん！

 でも、よくよく考えてみるとちょっと間違っている情報は、**20回に1回**くらいかなあ。

 やっぱり、ChatGPTは信用できない！

 ちょ、ちょっと待ってよ！ ChatGPT-3.5だとミスも多いけど、ChatGPT-4になって、ミスは減ったんだよ。

 ああ、この前言ってた通り、どんどん進歩してるってことね。

 そう。試しに、ChatGPT-4で齷齪の意味を聞いてみよう。

> 齷齪の意味を教えてください。

> 「齷齪（あくせく）」は、物事に一生懸命に取り組んでいるが、余裕がなく、落ち着きがない様子を表す日本語の言葉です。多くの場合、細かいことにとらわれすぎて、心が安らかでない状態や、忙しく働き続ける姿を指します。
> 使用例
> 1. 忙しく働く様子：
> -「彼は毎日齷齪と働いている。」

> － この文では、彼が毎日忙しく、一生懸命に働いているが、余裕がなくて落ち着かない様子を示しています。
> （中略）
> この言葉は、生活や仕事に追われる現代社会の中で、過度に忙しくしている人々の状態を的確に表現するためによく使われます。

合ってる！ しかも、使用例まで書いてくれてる。

本当だ。精度が上がってるんですね。

そう。写真の読み取りやコミュニケーションの精度などが、どんどん進化しているんだよね。

まとめ アップデートによって、回答の間違いは減ってきている

「疑う力」が身につくウソ発見ゲーム

「間違いが表示されることもある」というChatGPTの性質を使って、**とあるゲームもできるんだよ。**

ゲームは好きだぜ！　どんなゲーム？

名付けて、ChatGPTの「ウソ発見ゲーム」！

 ウソ発見ゲーム？

 そう。さっきのアミラーゼや齲齪のようにChatGPTで表示されていることに対して、ウソがないかを探してみるんだ。**ウソがあるかないか考えて、いろいろ調べて、間違いが発見できたら勝ち**、ってゲームだね。

 ふーん。面白そうじゃん。ChatGPTで間違いが表示されやすいのってなんだろう？

 例えば、情報がアップデートされていない場合とかはよくあるかな。最新のニュースに対しては答えがあやふやだったりするときもある。

 へえ！　あとでやってみようっと。

 このゲームをやると、**「こういう分野だと間違っているかもしれない」という勘が働くようになる**。ChatGPTの回答をすべて鵜呑みにすることがなくなって、うまく使えるようにもなるんだよ。

 **ChatGPTの欠点を逆手に取って遊んでみよう**

回答への不安は、「情報ソース」を調べて解消

でも、「間違いがあるかも」って考えると、**やっぱり使いにくいんですけど……**。

いい着眼点だね。 もしこれが合っているのかどうか心配なときは、情報ソースについて追加で質問してみればいいんだ。

ソース？

ソースは、「源」とかを意味する英単語 "source" のことで、**情報ソースは「情報源」ってこと。** つまり、ここでは「回答を作るために調べた資料」だね。

齷齪の情報ソースを教えてください。

「齷齪」（あくせく、あくさく）は、「細かいことを気にして落ち着かないさま」や「目先のことにとらわれて、こせこせと気ぜわしくするさま」を意味します。
（中略）
詳しい情報については、［Weblio辞書］
(https://www.weblio.jp/content/%E9%BD%B7%E9%BD%AA)
や
［語源由来大全］
(https://gogenyurai.com/%E9%BD%B7%E9%BD%AA/)
を参考にしてください。

情報ソースが出てきたでしょ？　もし「これって合っているのかな？」って思ったら、「ソースは何ですか？」って聞いてみるといいよ。

情報ソースがわかってもまだ不安なときは、自分でそのサイトを確かめればいいんだね。

 ときには情報ソースを確かめてみることも必要

先生が宿題を出す意図を考えてみる

やっぱり、ChatGPTは宿題に使えるじゃん！　あ、なんか社会の先生のことを思い出して、**またイライラしてきた。**

ちなみにショウタ君さ、今回の宿題ってそもそもなんで出されたものだったんだっけ？

え？　えー……、先生の嫌がらせ！

いやいや、そんなことはないでしょ!?

うーん、確か……この前の社会の時間に、近郊農業について習ったから、その復習のために出された宿題だったはず。

近郊農業は、いろんなところで行われているから、それについて調べてこいって言われたんだ。そのほうが、近郊農業についての理解が深まるから、ってさ。

なるほど。でも、さっきのChatGPTの回答は、そういう背景とか無視して、とにかく「近郊農業とは何か」を答えているだけだよね。しかもかなり辞書的。

……う〜ん、言われてみれば、全然先生が宿題を出した意図に合ってない気もするけど。

きっと、そうだよ。あの文章じゃ、よくわからないもん。

そうそう。例えば、道端で花を見かけたとする。で、友達に、「この花ってなんだろう？」って聞いたとする。そしたら、「この花は正式名称〇〇で、特徴としては××で、原産地はここで〜〜〜」って長ったらしく説明されたら、どう？

ちょっとウザいかも。「いや、そんな話は聞いてないよ！」って。

軽く花の名前を聞いただけなんだけどなぁ、って感じ。

でしょ？　今回もそれと同じ。**先生の意図に合ってない答えを出しちゃったんだよ。**今回は、「近郊農業がいろんなところで行われている」から、それについて調べてきて、って課題だったんでしょ？　だったら、ChatGPTには「近郊農業が行われている地域ってどんなところ？　普段、ぼくらが食べているものの中で、近郊農業で作られている可能性のあるものって何？」って聞いてみればよかったんだよ。

なるほどねえ。

で、その結果出てきた回答に対して、自分で調べればよかったんだよ。例えば、ChatGPTから「給食で出てくるものも近郊農業の場合が多いです」って答えが出てきたとしよう。そうしたら、「へえ、そうなんだ。でも、実際どうなんだろう？ 給食について調べてみようかな」って感じに、次の調べ学習につなげられたかもしれない。

今度、そうやって宿題やってみようかな。

ChatGPTを宿題に使っちゃいけない、ってわけじゃないんだ。そんなこと言ったら、ネットだって本だって使っちゃいけないことになる。でも、こんなふうに「どう使うか」が重要だってことは覚えておいてね。

> **まとめ** 宿題が出された意図をくみ取って、
> 最後は自分で仕上げる

2時間目 ChatGPTを宿題に使うのはアリ？

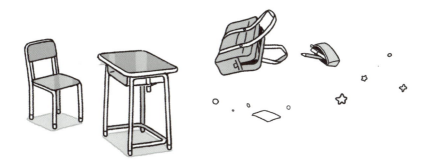

ChatGPTの回答に自分の個人情報が!?

あと、大事なのは個人情報を入力しないことだね。

なんで？

ChatGPTは、「みんなで作る」って言ったよね。

私たちのやり取りを学習するから、精度が上がるんでしょ？

そう。そうなんだけど、だからこそ<u>個人情報を入力してしまうと、全然知らない人への回答にそのデータが用いられる場合もあるんだ</u>。例えば、「ショウタは○×中学のやつなんですけど〜」みたいなことを書いたら、今度は「ショウタについて教えてください」と言ったときに「その人物は○×中学の生徒で〜」と書かれてしまうかもしれないんだ。

こわっ！ 下手したら、住所とかも知られちゃうってこと？

そう。そうならないように、注意点をまとめておくよ。

ChatGPTから個人情報を守る

・個人情報を入力しない、させない
・設定から「すべての人のためにモデルを改善する」(Improve the model for everyone)をオフにする
・履歴の残らない「一時チャット」を使う

今の時代、プライバシーというのは本当に重要で、ちゃんと守っておかなければならない情報なんだ。悪用されたら、犯罪に巻き込まれてしまうかもしれないし、詐欺の被害に遭ってしまうかもしれない。

うーん、あんまり実感湧かないんだけど……。

悪用って言われても、「そんなことあり得るの？」って思っちゃうよね。

そうだね、じゃあちょっとだけ具体的に説明しよう。ショウタ君は、おばあちゃんはいる？

うん。といっても、二人とも離れて暮らしてるんだけどさ。

なるほど。じゃあ例えば、ショウタ君が自分のおばあちゃんについての情報を入力してしまったとしよう。そして、その情報が悪い人の手に渡ってしまったとする。

うんうん。

「なるほど、ショウタっていう子のおばあちゃんは、一人暮らしで、〇〇県××町にあるマンションに住んでいて、毎週月曜日15時くらいには家にいないのか。ってことは、その時間に強盗に入ったら、金品を奪えるな、しめしめ。今度強盗に入ってやろう」って、悪用されるかもしれないんだ。

ええ!? まさか……。

そのまさかだよ。実際、情報が悪用された結果、強盗や詐欺の被害に遭ってしまう人というのは後を絶たないんだ。

そっか、**それは怖いね。** あと、自分の情報だけじゃなくて、家族の情報も、気をつけなきゃなんないんだね。

そう、**それも重要な観点だね。本当に個人情報はしっかりと守っておかなければならない**から、気をつけてね。

 AIに個人情報を学習させないよう注意

ChatGPTは
小説も書けるけど……

 さあ、今日の授業の最後にこの文章を見てもらおうかな？

> 吾輩は猫である。名前はまだ無い。どこで生まれたかとんと見当がつかぬ。何しろ薄暗いじめじめした所でニャーニャー泣いていた事だけは記憶している。吾輩はここに来るまでに幾度か転々とした。ある時は優雅な貴婦人に抱かれ、またある時は粗野な男に追い払われた。しかし、今はこの古い家に落ち着いている。人間というものは不思議なもので、時に親切で、時に冷酷である。吾輩はただ、その日その日を静かに過ごしながら、彼らの動向を見守るのみである。

 夏目漱石の『吾輩は猫である』？ **あれ、なんか違うような……。**

 ふふふ。実はこれ、ChatGPTに「夏目漱石の『吾輩は猫である』に似た文章を生成してください」って聞いたら出てきた文章なんだ（2024/5/24 ChatGPT-4o）。

 小説も書けるんだ！ やっぱりChatGPTはすげーな。

 すごいんだけどさ、**そこに「落とし穴」があるわけ。**

落とし穴？

　何回も言うように、ChatGPTは基本的に「既存の文章データ」をもとに文章を出力しているんだ。だから、使い方によっては、「既存の文章と酷似した文章」が出力されることもあるんだよ。

　でしょうね。それがどうしたの？

　下手をすると、**立派な犯罪になってしまうこともある。**

　ええ!?

　さっきの文章も、最初の4文は『吾輩は猫である』と同じ。つまり、既存の文章と同じ表現を用いてしまっているわけ。

　ちょっと調べてみる……確かに同じ。

偽物

吾輩は猫である。名前はまだ無い。どこで生まれたかとんと見当がつかぬ。何しろ薄暗いじめじめした所でニャーニャー泣いていた事だけは記憶している。
吾輩はここに来るまでに幾度か転々とした。ある時は優雅な貴婦人に抱かれ、またある時は粗野な男に追い払われた。しかし、今はこの古い家に落ち着いている。人間というものは不思議なもので、時に親切で、時に冷酷である。吾輩はただ、その日その日を静かに過ごしながら……

本物

吾輩は猫である。名前はまだ無い。どこで生れたかとんと見当がつかぬ。何でも薄暗いじめじめした所でニャーニャー泣いていた事だけは記憶している。
吾輩はここで始めて人間というものを見た。しかもあとで聞くとそれは書生という人間中で一番獰悪な種族であったそうだ。この書生というのは時々我々を捕えて煮て食うという話である。しかしその当時は何という考もなかったから別段恐しいとも思わなかった……

例えば、大人になって論文や本をChatGPTに頼って書いたら、なんと他人の文章をパクってしまっていた、なんてことにもなりかねないわけだ。要は、「著作権の侵害」ってやつだね。

チョサクケン？　聞いたことあるなあ。

誰かが作った文章、イラスト、音楽、映像などは、無断で勝手にコピーされたり、ネットで利用されたりしない権利があるんだ。これを「著作権」という。「著作権の侵害」は、コピペした宿題を出して怒られるどころの騒ぎじゃないんだ。

そういえば、漫画を勝手にネットにあげて事件になってたな。

先生が作ったさっきの文章は著作権の侵害にならないの？

漱石の作品は著作権が切れているし、この授業のためだけに作っただけだから大丈夫。

ほんとかなー？

じーっ。

ほんとだって！　人を疑うような目で見るなよ！　じゃあ、今日の授業はここまで！　とにかく、使い方を間違えないでね。

> **まとめ**　文章が誰のものか、立ち止まって考えてみる

2時間目の振り返り

>> 学んだこと

◎ 宿題にChatGPTは使える？
・使うのはアリ！ でも、そのままではダメ
　→先生の意図をくみ取る！
・ChatGPTの答えは「それっぽいもの」
・不安なときは情報ソースを見てみる

最後は自分で考えて提出する！

◎ 気をつけることは？
・個人情報を入力しない
・著作権の侵害にも注意

知らない間に犯罪になっているかも！

― ❀ やっておくこと ❀ ―
・ChatGPTの回答で
「ウソ当てゲーム」をしてみよう。
可能なら、誰かと問題を出し
合ってみよう。
・ChatGPTに情報ソースを
聞いてみよう。

今日の感想
先生はちょっと
あやしい。

基本編

3時間目

ChatGPT で上がる 「質問力」

質問のときに困る相手との「ズレ」

今回から、いよいよ本格的にChatGPTの使い方についてお話しします。よろしくね！

……。

あれ？　今日は、どうしたの？

先生、やっぱり私、ChatGPTに向いていないみたいで……。

え!?　なんで？

ChatGPTを使ってみたんですけど、なかなかうまくいかなくて……。

それで、こいつさっきからため息ばっかり。

そうなんだ。ちなみに、どんなことをChatGPTに聞いたの？

英語のテストでいい点が取れる方法を聞いてみたんです。でも、なかなか難しくて……。

3時間目　ChatGPTで上がる「質問力」

 そんなに難しいかあ？

 とりあえず、同じことをChatGPTに聞いてみようか。

 英語のテストでいい点を取るためにはどうすればいいですか？

 英語のテストで良い点を取るための具体的な対策をいくつか紹介します。

1. 基礎の復習
- 文法：英語の基本文法をしっかりと理解しましょう。特に、動詞

の時制、前置詞、関係代名詞、助動詞などを復習します。
- 語彙：毎日の語彙の練習を習慣化し、頻出単語やフレーズを覚えましょう。フラッシュカードやアプリを活用すると効率的です。

2. リスニングとリーディングの強化
- リスニング：英語のニュース、ポッドキャスト、映画、ドラマなどを視聴し、耳を慣らします。シャドーイング（音声を聞きながら真似して発音する）も効果的です。
- リーディング：英語の新聞記事、雑誌、ウェブサイト、短編小説などを読み、速読力と読解力を鍛えます。知らない単語に出会ったらメモを取り、後で調べて覚えます。

（中略）

6. モチベーションの維持
- 目標設定：明確な目標を設定し、それを達成するための動機付けを行います。目標達成のための小さなステップを設定すると、進捗を実感しやすくなります。
- ポジティブな姿勢：学習の過程で出会う困難にも前向きな姿勢で取り組むことが重要です。成功体験や成長を感じることで、モチベーションを保ちます。

これらの対策を取り入れることで、英語のテストで良い点を取るための準備がしっかりと整うでしょう。

とりあえず、6つの答えが出てきたね。

でも、どれも難しそうだし、私の今の状況に合ってない気がして……。「英語のニュース、ポッドキャストなどを視聴」って言われても、それができないから、聞いているわけで……。

なるほどね。実は、ChatGPTは、**1つ目の質問で求める回答が出てくることはほとんどないんだよ。**

1つ目の質問で答えが出ない？ それってやっぱり、難しいんじゃ……。

そう感じるのもわかるけど、この使いづらさは、**ある能力を高めてくれるものでもある**んだよ。

ある能力？

このことを理解してもらうために……そうだな、じゃあショウタ君、何かアイさんに悩みを相談してみて。

急に言われても……そうだなあ、なかなか俺って物覚えが悪くて困ってるんだよね。なんかいい解決法ない？

うーん……何度も口に出して覚えたりするとか？

いや、でも漢字も一緒に覚えたいんだよね。社会のテストって、漢字も書けるようにならないといけないじゃん？

あ、社会の話？ **それ早く言ってよ。**じゃあ、書いて覚えたら？

書くのって時間かかるし、案外覚えられないんだよ。なんかもっとさくっとできるのがいい。

なに、わがまま言ってんの？

 はいはい、ストップ。 どう？ 相手の質問に対してドンピシャな答えを作るのって、結構難しいって感じなかった？ 相手の悩み具体的にわかっていないといけない。

 確かに。俺は今、社会の暗記を思い浮かべていたけど……。

 私は最初、人の名前や電話番号を覚える話かと思っていました。

 このやり取りでわかるように、人間相手でも、**質問をするときにはそういう「ズレ」が発生する場合がある。**

 ズレ？

そう。さっきの英語のテストの話も、自分が今どういう状況で、どんな英語のテストでいい点を取りたいのかがわからなかったら、いくらChatGPTでも適切な回答の作りようがないんだ。

それもそうだな。入試と期末テストじゃ、全然違うもんな。

ChatGPTはなんでも悩みを解決してくれる魔法の道具というわけじゃない。 こっちの状況を察してくれたりはしない。だからまず質問をする際には、自分なりに具体的にして質問する必要があるんだ。

> **まとめ** ChatGPTは察しのいい魔法の道具ではない

上手な質問を生み出す「分解思考」

でも、そのズレを直すのだって、**どうせ特別な才能が必要なんでしょう。** 私なんて……。

いやいや。ChatGPTを使っていくうちに、ある能力がだんだんと高まっていくから大丈夫。

さっきから言ってる「ある能力」って何? もったいぶらないで早く教えてよ。

それは**「質問力」**だよ。

質問力？

 うん。何かを聞く際、自分の求める答えが得られるように、きちんと自分の意図を整理して質問できる能力のことだよ。

 それって、ChatGPTへの質問の仕方がうまくなるってこと？

 いや、人に質問するのも上手になるよ。

質問力がないと、会話のキャッチボールが難しい……。

え！　そうなの？

そうだよ。そのためには、いろんな方法があるけれど、まず意識しないといけないのは「分解」だ。自分のもっている質問を、簡単な質問に分解して、細かくするんだ。

どういうこと？

さっきの例だと、ショウタ君は、物覚えが悪いという悩みを抱えていたわけだよね。**ちょっとその悩み、分解してみよう。**どの科目で、どの分野の話なのか、とか。

俺が悩んでいるのは、社会の、特に歴史の出来事やキーワードを覚えるのが大変なんだよね。

ほうほう。覚えるのが大変だと。具体的には、どう大変？

「どう？」って言われてもなあ。

例えば、漢字を覚えるのが難しいとか、一度覚えたとしてもすぐ忘れてしまうとか、そもそも全然勉強のやる気が出ないとか、大量に覚えなければならないのが難しいとか、いろんな「大変さ」があるよね。**その大変さを分解して考えてみよう。**

それなら、覚えることが多いし、漢字が多くて覚えられないってことかな。

なるほど、ショウタ君の悩みを分解すると「中学3年生で、社会という科目の、歴史の分野で、漢字が多くて覚えにくい上に覚えるものが多くて悩んでいる」ということだね。

そういうこと。

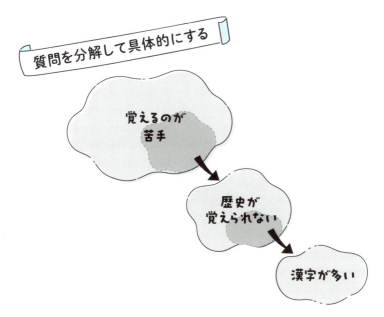

質問を分解して具体的にする

覚えるのが苦手 → 歴史が覚えられない → 漢字が多い

じゃあ、ここでChatGPTに聞いてみよう。

中学3年生です。社会の暗記事項を覚えるのが大変です。漢字が多いし、量も多いです。どうすればいいですか？

中学3年生の社会科の暗記事項を効率よく覚えるためには、いくつかの戦略やテクニックを使うと良いでしょう。以下

に、効果的な方法を紹介します。

1. 小分けにして学習する
- スモールステップ学習：一度に大量の情報を覚えようとせず、小さな部分に分けて少しずつ覚えましょう。例えば、一つの章を数日に分けて学習する方法です。
- 計画的な学習スケジュール：毎日の学習スケジュールを立て、計画的に進めることで負担を軽減します。１日の目標を明確にし、それを達成することを目指します。

2. 視覚的な学習法
- マインドマップ：マインドマップを使って、関連する情報を視覚的に整理します。中央に主要なテーマを書き、そこから枝分かれさせて関連するキーワードや出来事を記入します。
- フラッシュカード：フラッシュカードを作り、表に用語、裏にその説明を書きます。これを使って繰り返し復習すると効果的です。

（中略）

これらの方法を組み合わせて、自分に合った学習スタイルを見つけることで、社会の暗記事項を効果的に覚えることができるでしょう。頑張ってください！

どう？　さっきよりもわかりやすくて、的確な回答が出てきた感じしない？

うーん、確かによくはなったけど、もっと具体的で、明日からできるようなものがよかったなあ。

ちょっと欲張りすぎじゃない？

だって、イマイチなんだもん。

いいんだよ、欲張りで。

え？

ChatGPTには、欲張りなほうがいいんだ。「よりよい答えはないか」って考えて、どんどん要望を具体的にしていくイメージかな。じゃあ、簡単で、具体的で、明日からできるものを聞いてみよう。

もう少し簡単で、具体的で、明日からできるものは？

わかりました。すぐに実践できる、簡単で具体的な方法をいくつか紹介します。

1. フラッシュカードを作る
- 方法：カードの表に用語や漢字、裏にその意味や説明を書きます。
- 活用：通学中や休憩時間に見直すことで、繰り返し復習できます。

2. 語呂合わせを使う
- 方法：難しい漢字や歴史の出来事を覚えるために、語呂合わせを作ります。
- 例：「いちにさんし」と「1234年」など、覚えやすいフレーズを考えましょう。

3. 友達とクイズを出し合う
- 方法：友達と一緒に勉強して、お互いに問題を出し合います。

－活用：学校の休み時間や放課後にクイズ形式で知識を確認します。
（中略）
7. 暗記アプリを使う
－方法：スマホの暗記アプリ（Anki、Quizletなど）をダウンロードし、内容を入力します。
－活用：スキマ時間にアプリを使って、クイズ形式で復習します。
（中略）
これらの方法を実践すれば、覚えるのが楽になり、効果的に知識を身につけることができます。頑張ってください！

スマホアプリの名前まで書いてある！

今回は、最初に科目や分野・シチュエーションは分解できていたけど、まだ難易度やどこまで具体的にするかなどに関しては分解できていなかった。だから、欲張って追加の質問をしたわけだ。もちろん、もっと深掘りしたっていい。

まとめ ChatGPTには欲張って質問するぐらいがちょうどいい

77

東大生の
遊んで覚える暗記法

ChatGPTにいろいろ教わったけど、実際にこういう覚え方をしてる人っているのかな……？

先生、東大生ってどんな覚え方をしているの？

それは、本当に人それぞれなんだ。もちろん、苦労しなくても暗記できちゃうっていう、**天才的な人もいるけどね。**

やっぱり……。

でも、**多くの東大生は、いろいろな工夫をして暗記をしている**んだよ。

工夫って、例えば？

ChatGPTの答えにもヒントがある。「フラッシュカード」って、要は単語帳を作ってみようってことだよね。

単語帳か……作ったところで、あんまりやらないんだよなあ。

作ったところで満足しちゃう。

わかるわかる。単語帳を使った勉強って、ただめくるだけでやることが単調だから、どうしても飽きちゃうんだよね。

東大生でもそうなの？

 そうだよ。だから、**単語帳に神経衰弱を組み合わせる**ことで、ゲームにしちゃうって方法がある。

 ### 単語帳と神経衰弱？

 やり方は簡単で、例えば英単語の意味を覚えたいなら、単語帳カードの1枚に英単語を、もう1枚に日本語の意味を書くんだ。

 1枚のカードの表と裏じゃなくて、別々のカードに書くの？

 そうそう。覚えたい単語が15個あるとして、それぞれの単語についてこれをやると、英単語を書いたカードが15枚、日本語の意味を書いたカードが15枚できるでしょ？

 ふむふむ。

 カードが書けたら、全部裏返しにして混ぜて、ランダムに机の上に並べる。

 伏せたトランプっぽい感じになるね。

 そうしたら、神経衰弱の要領で2枚めくって、その2枚が英単語と日本語の意味で対応していたら、その2枚をゲットできる。対応していなかったら、2枚とも裏返して元の場所に戻す。

単語帳カード神経衰弱

1 単語帳カードの1枚に英単語を、
別の1枚にその単語の日本語の意味を書いていく。

　　　　apple　　　　りんご

2 カードを裏返して、ランダムに机の上に並べる。

3 神経衰弱と同様に、一人2枚ずつめくって、
英単語と日本語の意味が対応していたら、その2枚をゲット。

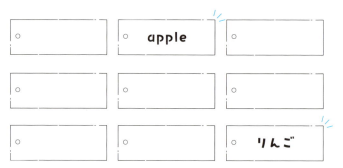

本当にトランプの神経衰弱みたいだね。

 英単語の意味がわかっていないと、めくった2枚が対応するペアになっているか判断できないのがポイント。ゲームをやる中で必要に迫られて覚えることができるってわけ。

 確かに、これなら飽きないかも。友達とも対戦できそうだし。

 そう、友達と一緒に勉強できるのがこの単語帳カードのいいところなんだ。トランプみたいに使えるから、他のゲームにも応用できる。**例えば、ババ抜きとか。**

 ババ抜きもできるの？

 できるよ。ババのカードを1枚作って、カードの中に加える。そしたらカードを参加者全員に均等に配る。あとはババ抜きの要領で、手札の中に英単語と日本語の意味が対応しているペアがあれば捨てることができるってわけ。

 面白そう！

 ババのカードを別に作らなくても、適当に1枚カードを抜けば、それと対応するカードが「ペアが存在しないカード」になって、ババ代わりになる。

 「ジジ抜き」ってやつだね。

 最後までジジのカードを持っていた人は、罰ゲームでその単語を使った例文を作る、とかもできる。**遊び方は無限大だよ！**

単語帳カードババ抜き

1 先ほどの神経衰弱と同様に、単語帳カードの1枚に英単語を、別の1枚にその単語の日本語の意味を書いていく。その際、1枚だけジョーカーを用意する。

2 参加者に配る。

3 ババ抜きのように、順番に1枚ずつ引いていき、英単語と日本語が対応していれば、カードを捨てる。最後にジョーカーを持っていた人の負け。

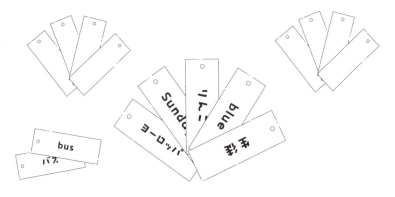

※JOKERを用意せず、適当に1枚のカードを抜いて「ジジ抜き」にしてもよい。

楽しむ工夫が大事ってことね。

そうなんだ。楽しくないと、続かないからね。

まとめ 勉強は自分なりに楽しく工夫する

効果バツグンの「自作テスト」のやり方

ついでにもう1つ、**別の暗記法を紹介しよう。**

どんな方法?

ChatGPTの答えの中に「クイズ形式で復習します」ってあるでしょう? これも東大生が実践している暗記法でもあるんだ。

自分でクイズを作って、それを解けるアプリがあるんだね。

そういうアプリを活用したり、もしくは自分で紙に書いたりして、覚えたい内容に関する問題を作る。

自分で問題を作るんだね。

そう。まず範囲を決める。そして、その中から10〜20問用意できるといいね。完成したら、作ったテストはすぐに解かないで、**3日間くらい放置する。**

 せっかく作ったのに解かないの？

 テストを作った直後だと、問題を考える過程の記憶が残っていて答えも覚えているだろうから、簡単に解けちゃうでしょ？

 確かに……。

 それじゃあ、**せっかく作ったテストがもったいない。**テストを解く日を決めて、その日までに出題範囲を復習して**「テスト対策」**をするんだ。

 え、本当のテストのつもりで準備するの!?

 そうだよ。**できれば復習はテストの前日までにして、当日は何も確認しないでいきなりテストに取り組む**ようにすると、本当に記憶が定着してるかを確かめることができるよ。

東大生って、いろんな工夫をしているんだ……。

東大生に共通しているのは、**「自分に合った暗記の方法を模索して、最適な方法にたどり着いている」**ということなんだ。

いろいろ試したってこと？

そうだよ。ショウタ君もアイさんも、ChatGPTに質問して出てきた暗記法を、とりあえずいろいろと試してみるといいよ。そうするうちに、自分に合った暗記法がわかってくるから。

そうなんだ……私にはどんな暗記法が合ってるんだろう。

ChatGPTは最初から自分に合ったやり方を答えてくれるわけじゃない。だけど、やり方の候補を挙げてもらうには最適なツールってことなんだ。

まとめ 暗記法はいろいろ試して、自分に合うものを見つける

「何がわからないか、わからない」ときは?

話を戻すと、**ChatGPTに質問をしようとすると、分解して具体的に質問する習慣がつく。**すると、悩みにぴったりの答えが出てくるようになる。これを繰り返す中で、**質問力が上がっていくってわけ。**

スッキリとした答えが出ないのは、質問が悪かったせいでもあるわけですね。

そうだね。まあ、**ChatGPTというかAIは正直で、質問の通りに回答しているだけなんだ。**だから、そもそも質問の仕方が悪いんじゃないか、間違った質問をしているかもって立ち止まってみることが大切だね。もしより的確な答えが欲しいなら、「メモリ機能」を使ってもいいかもしれないよ。

何それ、使ったことない。

これは、**今までの質問を総合して質問者のことを覚えてくれる機能**だね。例えば、こんな感じ。

> ChatGPTが質問者の
> ことを覚えた

歴史は漢字がたくさん出てくるので、覚えるのが大変です。

メモリを更新しました
漢字が多いと確かに難しいですね。でも、いくつかの工夫で覚えやすくなる方法があります。

1. **分解して覚える**

便利そうだけど、ちょっと怖いかも……。

プライバシーが気になる人は、この設定は切ることもできるから安心して。

俺は使ってみようかな。

いずれにしても、質問力を上げることが大事なのは変わりないよ。それから、質問に質問を繰り返していくことで、頭の中が整理されることも覚えておいてほしいね。

どういうこと？

勉強していて、「**何がわからないか、わからない**」っていうことない？

あるある。数学のときなんか、しょっちゅう。

そんなときは**質問を考えてみる**といいんだよ。実は質問を通じて「自分はなんで悩んでいたんだっけ？」「どんな情報が欲しいんだっけ？」「どうして自分はこの答えで満足していないんだろう？」と考えるきっかけになるんだ。

 そういうもんかなあ？

 わからない問題を先生に質問しようとした瞬間、**「わかったんで、やっぱりいいです」**っていう経験ない？

 あー、あるある。

そのことだよ。**先生に聞こうとしたら、頭が整理されたんだ。**ちなみに、「問題点が列挙できるのであれば、それは半分は解決したようなものである」っていう有名な言葉があるんだけど、聞いたことある？

うーん、聞いたことないかな。

これは、チャールズ・ケタリングというアメリカの発明家の言葉で、「問題を解決するためには、問題点を明確にすることが大事」っていう意味なんだ。

それがどうしたの？

つまり、ChatGPTに質問して問題点が明確になっていくうちに、どうすればいいかわかってくるってこと。

ChatGPTの回答でわかってくるんじゃないの？

というより、ChatGPTの出す答えそのものではなく、**ChatGPTを使っている中で答えに気づく**ってこと。

答えは結局、自分自身で見つけるってことか……。

そういうことだね。

それにしても、先生、物知りだなあ。こんな言葉まで知ってるんだから。

 前にChatGPTに聞いたことあるんだよ。だいたい暇なときは、ChatGPTと会話してるから。

 え、**友達いないの？**

 かわいそう……。

 そんな目で見るなよ！ はいはい、じゃあ今日はここまで！

まとめ 答えはChatGPTを使っている君の中で見つかる

3時間目の振り返り

>> 学んだこと

◎「質問力」はなぜ大事？

・質問力＝「自分の意図を整理して質問できる能力」
　→望む回答を得るために必要！
・質問することで頭の中が整理される
　→問題は半分解決したようなもの！

◎質問力を上げる「分解思考」って？

・分解思考
　＝「質問をより具体的な質問に分けていくこと」

★メモリ機能も使える　気になるならOFF

※やっておくこと※

・1つの悩みや疑問について、
　ChatGPTに5回以上、
　深掘りして聞いてみよう。
・不安がなければ、
　メモリ機能を使ってみよう。

実践編

4時間目

「論理的思考力」を効果的に鍛える数学の学び方

なぜ数学を学ぶのか？

ごめんごめん、ちょっと遅れたね。じゃあ今日から実践編ということで、各教科の話を……。

……。

あれ、**また何かあった？** （なんで毎回暗い感じなのかな〜）

この間の数学のテストが返ってきたんだけど、あんまりよくなかったんだってさ。

そうなんだ。

勉強したんだけど、思ったより計算に時間がかかっちゃって。

数学、俺も苦手だな。**こんなの勉強して何の役に立つんだ？** って思っちゃう。

ふふふ、勉強をしていると誰もが一度は通る道だね。じゃあ、数学の勉強が何の役に立つのか、ChatGPTに聞いてみようか。

 数学の勉強って何の役に立つの？

 数学の勉強は、具体的な仕事や生活の中でも、より深いところで私たちの考え方や問題解決能力に役立っています。

たとえば：

1. 論理的思考力の向上
    数学は、論理的に考え、結論にたどり着く方法を学ぶ学問です。計算をするだけでなく、複雑な問題を整理し、パターンを見つけて結論を導く力が養われます。この力は、仕事の計画を立てたり、物事の因果関係を見極めたりするときにとても役立ちます。

2. 問題解決力の強化
    数学では、答えがすぐに分からない難しい問題にも取り組むので、ステップを踏んで問題を分解し、解決へと導く訓練になります。数学を学ぶことで、どんな課題にも柔軟に対応し、粘り強く解決策を考える力が育まれます。

> 3. 日常生活での応用
>   お金の管理（貯金や投資、ローンの計算）、買い物や料理のレシピの調整、効率的なスケジュール管理など、数学は日常生活でも非常に役立っています。特に統計や確率は、ニュースやデータを理解し、正しく判断するための基礎知識となります。
>
> 　　　　　　　　　（中略）
>
> こうしてみると、数学は「直接使う場面」だけでなく、考え方やものごとを理解する基盤としても大切だといえます。

うーん、なんだかわかるような、わからないような……。

3の「日常生活での応用」は、確かにそうかも。お店で「3割引」のシールが貼ってあると、それがいくらなのか計算するもん。

そういうときにパッと暗算できるようになるといいよね。数の感覚を鍛えておくと、お会計が間違っていたときに気づけるかもしれないし。

でも、それって「数学」っていうより「算数」じゃない？

そうだね。数学は算数と違って、変数とかグラフとかいろんな概念が出てきて複雑で難しいよね。

グラフとか、数式を線の形で表す意味がわかんない。

実はグラフって、普段意識することはないだろうけど、ぼくたちの日常生活において、**めちゃくちゃ重要な役割**を果たしているんだ。

え？

ショウタ君はスマホで友達と電話したりする？

もちろん！ ゲームしながら通話したりするよ。

声、というか音は、空気を波のように振動させて伝わっていくんだ。高い音は波の幅が狭くて、大きい音は波の高さが大きい、というように、音は波線の形で表すことができる。

それは何となく知ってるかも。

ところで、数学の授業では数式をグラフに変換するよね。もちろん波線だって、これをグラフとして見たら、対応している数式があるはず。

ああ、一次関数みたいな感じ？

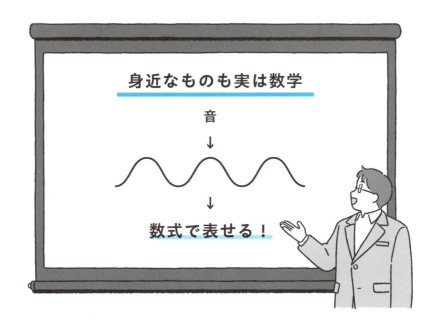

そうそう。ぼくたちがスマホに向かって話した声も、波線の形をしているんだ。それをスマホの中で数に変換して、通信して、相手のスマホでもう一度音に戻しているのが、電話なんだ。

へー！　電話ってそういう仕組みなんだ。知らなかった。

ChatGPTの答えの最後に書いてある、数学が役に立つのは「直接使う場面」だけではないっていうのは、こういうこと？

そう。**ぼくたちが当たり前に利用しているようなものにも、数学は使われている**んだよ。

まとめ　数学は私たちの「当たり前」を支えている

人生は数学

　ついでに言うと、回答の中にある**論理的思考力**とか、**問題解決力**とかも重要だよ。

それ、どういうこと？

簡単に言うと、**順序立てて問題を解くこと**だね。数学では、問題が与えられて、それに答えを出すことが求められるでしょ？そういう力は、**人生における問題や課題を解決するために必要なんだ。**

数学の問題と人生の問題……**関係ある？**

大いにあるよ。例えば、数学の問題を解くとき、文章で書かれている内容を数式で表してみたり図や表で整理してみたりするでしょう？

そりゃあ、そうしないと解けないからね。

日常生活の中で起こる問題も、そうやって解決できることがある。例えば、友達の誕生日パーティを企画するとしよう。

いいなあ、パーティしたいなあ。

パーティに向けて、何を用意する必要があるのか、お金はいくらくらいかかるのか、準備と片付けにどれくらい時間がかかるのか……そういうことを考える必要があるよね。

まあ、計画を立てないとね。

お菓子や飾りの値段を調べて、必要な金額を調べる必要があるよね。そこで、○円のお菓子を何個、△円の飾りを何個……と書き出して、かけ算をして、合計する。これも立派な問題解決力で、数学の勉強によって育てることができる力なんだ。

なんか大げさだけど、言われてみるとそうなのかもなあ？

他にも、やるべきことを書き出して、どういう順番でやれば効率的に準備できるのかを考えたり。それぞれの作業にかかる時間を数字で表して、準備や片付けにかかる時間を計算し、逆算して集合時間を決めたり。

そういえば、文化祭の準備もそんな感じかも。

文化祭の準備も、実は数学!?

そうだね。**それらは全部、問題解決と言っていい**。実はぼくたちは、いろいろなところで問題解決をしているんだよ。

なるほど……。

パーティの準備みたいな小さなイベントだけじゃなくて、進学とか、就職とか、人生の大きな悩みにも、論理的思考力や問題解決力が必要になるんだ。

まとめ 私たちは普段から数学の考え方を使っている

自分に合う問題を作る
3つのステップ

数学が大事だっていうのは、なんとなくわかったけど、**ChatGPTでサクッと点数上げられないのかな?**

テスト中にChatGPTが使えるわけじゃないんだから、そんなことできないでしょ。

実際どうなの、先生?

テスト中には使えないけど、**テスト対策には使えるよ。** 例えば、こんな感じ。

二次方程式の解の公式を使った問題を3問出題してください。

もちろんです! 二次方程式の解の公式を使った問題を3問ご紹介します。解の公式は次の通りです:

$$x = \frac{-b \pm \sqrt{b^2 - 4ac}}{2a}$$

この公式を使って次の二次方程式を解いてみてください。

問題1
次の二次方程式を解きなさい:
$2x^2 + 3x - 2 = 0$

> （中略）
> 各問題を解く際には、解の公式を使って計算してみてください。もし解答に迷ったり、計算が難しかったりしたら、遠慮なく聞いてくださいね！

 あっという間に問題ができた！

 しかも、答えは後から教えてくれるんだ。

 そうなんだ。でも、答えも一緒に書いてくる場合があるから、心配なら「答えは書かずに、問題だけ作ってください」って事前に入力すればいい。

 これはやったことなかったなあ。

 こうやって、作ってほしい問題をリクエストすると、すぐに表示されるわけ。これがChatGPTを使った問題作成の<u>ステップ1「こんな問題を出題してください」</u>だね。ちなみに、数学に限らず、他の教科でも大丈夫だよ。

 じゃあ「中学3年生の範囲で〜」とか、「確率の問題を〜」とか、そんな指定もできるんですよね。

 もちろん。「偏差値55くらいの公立中学の中3で、確率のテストがあります。どんな問題が出そうか考えて、出題してもらえませんか？」みたいに、<u>自分の状況を細かく入力することで、より自分に合った問題を出せるようになる。</u>これがステップ2だね。

偏差値55くらいの公立中学の中3で、確率のテストがあります。どんな問題が出そうか考えて、出題してもらえませんか？

確率に関する問題は、公立中学の中3でよく出る範囲から考えると、次のようなものが予想されます。以下にいくつかの問題を作成しましたので、実際のテストに向けた練習に使ってみてください。

問題1：サイコロの確率
1個の6面体のサイコロを1回振ります。
1. 奇数が出る確率を求めなさい。
2. 4以上の数が出る確率を求めなさい。

問題2：カードの確率
1から10までの番号が書かれたカードが1枚ずつ入っている箱があります。この箱から1枚のカードを引きます。
1. 5の倍数が出る確率を求めなさい。
2. 偶数が出る確率を求めなさい。

（後略）

う〜ん、なんだかやさしすぎる気が……。

そうか？　俺にはちょうどいいけどなあ。

難易度は調整してもらえばいいんだ。 問題形式を難しくしたり、「今出ている問題よりも難しくしてください」という指示を出してもいい。これが**ステップ3**。例えば、「計

算問題じゃなくて、文章題をお願いします」って指定することもできる。

 もう少し文章題っぽい問題をお願いします。

 文章題っぽい確率の問題ですね。日常的なシチュエーションを交えた問題を作成しましたので、こちらを試してみてください。

問題1：お菓子の袋の確率
ゆうかさんは、袋に入ったキャンディを食べようとしています。袋の中には、いちご味が3個、オレンジ味が5個、ぶどう味が2個のキャンディが入っています。ゆうかさんが袋の中からランダムに1個のキャンディを取り出すとき、次の確率を求めなさい。

1. いちご味のキャンディを取り出す確率
2. オレンジ味またはぶどう味のキャンディを取り出す確率

問題2：クラブ活動のメンバー選び
ある中学校で、5人の男子生徒と4人の女子生徒がクラブ活動に参加しています。この中からランダムに1人を選んで発表をしてもらうことになりました。このとき、次の確率を求めなさい。

1. 女子生徒が選ばれる確率
2. 男子生徒が選ばれる確率

（後略）

 あっという間に文章題ができた！

こんなふうに、苦手な問題や応用問題、それらの類似の問題を作ってもらうという使い方がすごくおすすめ。普段勉強している内容の理解をより深めることもできるし、間違えた問題の正しい解答を定着させることもできるからね。

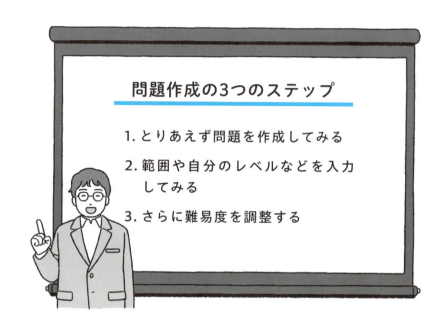

問題作成の3つのステップ

1. とりあえず問題を作成してみる
2. 範囲や自分のレベルなどを入力してみる
3. さらに難易度を調整する

まとめ ChatGPTにとって問題作成なんて朝飯前

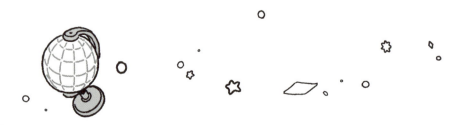

紙の問題集ではできない、とっておきのAI活用法

 せっかくだし、ChatGPTが作った問題を1問ぐらい解いてみようか。

 数学の時間じゃないのに？ 仕方ないな〜。

 二次方程式の分野の、中学3年生レベルの難しい問題を2題出してください。

> 理解しました。以下に中学3年生レベルで少し難しめの二次方程式の問題を2つ出題します。
>
> 問題1：
> 二次方程式 $x^2+px+12=0$ の判別式が0以下であるとき、定数 p の値の範囲を求めよ。
>
> 問題2：
> 二次方程式 $x^2-(m+n)x+mn=0$ の解の一つが $x=2$ であるとき、定数 m と n の値を求めよ。
>
> それぞれの問題について解答も用意していますので、挑戦してみてください！

 ええと、問題1の答えは……$-4\sqrt{3} \leqq p \leqq 4\sqrt{3}$ かな？

じゃあ、それを入力してみようか。

答え合わせまでしてくれるの!?

もちろん！

問題1の答えは、$-4\sqrt{3} \leqq p \leqq 4\sqrt{3}$ ですか？

問題1について、判別式が0以下である条件を考慮すると、定数 p の値の範囲は次のように求められます。

与えられた二次方程式は $x^2+px+12=0$ です。判別式 D が0以下であるという条件は、

$D = p^2 - 4 \times 1 \times 12 \leqq 0$
$p^2 - 48 \leqq 0$
$p^2 \leqq 48$

よって、p の値の範囲は

$-\sqrt{48} \leqq p \leqq \sqrt{48}$
$-4\sqrt{3} \leqq p \leqq 4\sqrt{3}$

です。したがって、あなたの答えは正解ですね！

やった〜合ってた！

俺はそもそもできなかった。**チクショー！**

もしわからないときには、ヒントをもらうこともできるし、解説やヒントを「さらに詳しくして」ってお願いすることもできるからね。

ヒントを出してください！

問題2では、与えられた条件と解 $x=2$ を利用して、定数 m と n の値を求める必要があります。ここで、解 $x=2$ を考慮すると、解の公式を使って以下の関係式を立てることができます：

$x^2-(m+n)x+mn=0$

この式に $x=2$ を代入して解くことで、m と n の関係を見つけることができます。具体的に試してみて、計算に詰まったら教えてくださいね。

それ、いいね！　紙の問題集だと解答がわかりにくいときは、どうしようもないからなあ。この機能は助かる！

でしょ。特に解けないときは、**こういうふうに「ヒント」をもらうことがおすすめ！**　難易度を下げてもらうより、学力が上がりやすいはずだよ。

ん？　どうして？

数学をはじめ、**多くの問題は答えまでの道筋は決まってて、その道筋をたどれるかどうかがカギになる**んだよ。

どういうこと？

例えば、三角形の角度を求める問題なら、ここに補助線を引く、平行線を引く、合同や相似な図形を見つける、とか、答えまでにいろんなステップがあるよね。**ヒントをもらうっていうことは、そのステップを1つずつ種明かししてもらうこと**なんだ。

ちょっとずつヒントをもらうのも、紙の問題集ではできないね。

そうやってヒントを出してもらううちに、答えまでの筋道がわかっていくはずなんだ。「なぜそこに補助線を引くのか」「なぜその公式を使うのか」といったことだね。

「なぜ」がわかっていくんだ。

そう。そうするうちに、さっきも出てきた**「論理的思考力」**が次第に身についていくはずだよ。他の問題でもこの力が生きて、学力が上がりやすいんだ。

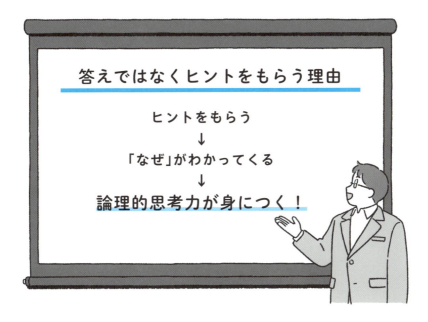

 これはめっちゃ使えそう！

 前にも言った通り、重要なのは答えそのものじゃなくて、自分で答えを出す足がかりにChatGPTを使うってことなんだ。

まとめ 解けない問題は、
　　　　ヒントをもらって「なぜ」を理解していく

応用問題を
解けるようになるには?

でもさあ俺、数学ってテストの最後に出る応用問題がいつも解けないんだよなあ……先生、応用問題の対策もChatGPTでできる?

その質問に答えるために、まずは**応用問題がどうして難しいのか**を考えよう。習ってないことは出題されてないはずだよね?

そのはずだよ。

実は、応用問題が難しいのはそこなんd。知識をもっていても、どう使っていいかがわからないから、解けない。

解説されると、確かに全部授業で習ったことなんだけどさ。なぜかテストで解けないんだよ……。

それは、**知識が使えるように問題を「分解」すること**が足りていないんだよ。

問題を「分解」するって?

問題をスタート地点、答えをゴール地点とする。解ける問題っていうのは、スタート地点からゴール地点までたどり着ける道がわかっているってことなんだ。

じゃあ、応用問題は、ゴール地点までの行き方がわからない道ってこと？

その通り。だから、応用問題を見てゴール地点までの行き方がわからないと思ったら、次は「どのスタート地点からであればゴールにたどり着けるのか」ってことを考える。

うーん、あんまりピンと来ないかも。

例えば、2つの三角形の合同を証明する問題があるとしよう。合同を証明したいのに、線の長さも角の大きさもわからない。これじゃあ、証明のしようがないよね？

「2組の辺とその間の角が等しい」とか、合同条件を示さないと。

そうそう。言い換えると、「辺や角の大きさが等しいとわかれば、合同の証明をすることができる」ってことだ。

まあ、そうだね。

つまり、「辺や角の大きさが等しいとわかっている状態」がスタート地点なら、無事に問題の答えというゴールにたどり着けるってこと。

でも、**その辺や角の大きさがわからないから困ってるんじゃん。**

そう。今度は、「辺や角の大きさが等しいことを示すこと」が新しいゴールになる。

あれ、違う問題になった？

 よく気づいたね。「合同を証明せよ」という1つの問題が、「辺や角の大きさが等しいことを証明せよ」と「辺や角の大きさが等しいことを使って、合同を証明せよ」という2つの問題に分解されたことがわかるかな？

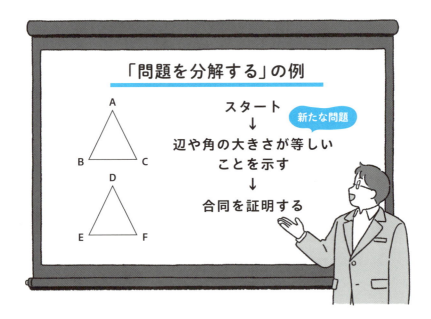

 やるべきことが2段階になった。

 さらに、辺や角の大きさが等しいことを新たなゴールとして、また「どのスタート地点からであればゴールにたどり着けるのか」を考えよう。

新しいゴールにたどり着く道を探すってことか。

そうだね。すると、例えば「この2つの直線が平行であることがわかれば、この2つの角の大きさが等しいことがわかる」みたいに、**また新しいゴールに分解できるかもしれない。**

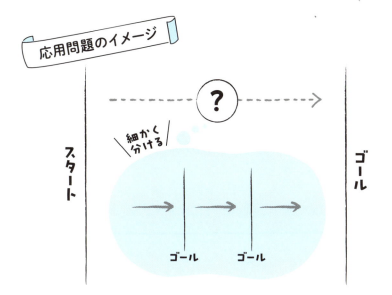

こうやって、一足飛びに答えまでたどり着けないような応用問題も、ゴールからさかのぼって、いくつかのステップに分解してしまえば、「どういう道をたどれば、ゴールまでたどり着けるのか」が見えてくる。

応用問題って、こうなってるんだ……。

あとは、細かく分解した問題を、順番に解いていくだけだね。**ここから先のやることは、基礎問題を解くのと変わりはない**はずだよ。

それなら俺にもできるかも！

そこで、**ChatGPTで練習した基礎問題を解く力が役に立つんだ。**基礎知識がそろっていないと、そもそも「どのスタート地点からであればゴールにたどり着けるのか」がわからないから、上手に分解することができなくて困ってしまうからね。

正しく分解するために知識が必要ってことか。

そういうこと。**基礎問題の練習が、応用問題を解くために重要なんだ。**

応用問題の解き方はわかったけど、テスト本番でできるかな……。

もちろん、すぐには難しいかもしれない。でも、**どんなに難しい応用問題だって結局は基礎問題の組み合わせ**でしかないんだ。

まあ、習った範囲から出題されてるはずだからね。

応用問題を解いてみて、模範解答を見て答え合わせをするという経験をたくさん積むことで、**「どういう問題がどのように組み合わされているのか」**というパターンの知識を増やしていくしかない。

そこはやっぱり、地道にやるしかないのか……。

そうだね。今はまだ自力で解けなかった応用問題でも、**しっかり模範解答を読み込んで復習しておこう**。「どういう問題がどのように組み合わされているのか」を見ておくことで、必ず応用問題も解けるようになるはずだよ。

> **まとめ** 応用問題は、どんな基礎問題の組み合わせか、分解して考える

ChatGPTがあれば、人間の先生はいらない？

ChatGPTでもうここまでできるんなら、**人間の先生よりもいいんじゃないの？**

いやいや、そんなことないよ。ChatGPTは間違いもあるから、出題ミスもある。人間の先生が出す問題よりは、精度は落ちるんだ。

ふ～ん。でも、宿題を入力したら解いてくれるよね？

まあ……できなくはない。数学の問題が書かれたPDFも読み込めるしね。でも、おすすめはしないかな。

なんで？　ラクじゃん。

自分で解けるようにならないと力にはならないし、答えだけ写すんだったら別に解答丸写しもできる。どうしても解けないときは、さっき言ったみたいにヒントをもらえばいいんじゃない？

そうですね。宿題が難しいときでも、ヒントをもらえれば、**一人でもできそう。**

数字を変えて出題してもらうこともできるし、自分のミスしやすい問題をたくさん作ってもらうのもいいんじゃない。

 この問題2と類似の問題を出題してください。

 理解しました。以下に類似の問題を出題します。

新しい問題：
二次方程式 $x^2 - (p+q)x + pq = 0$ の解の一つが $x = 3$ であるとき、定数 p と q の値を求めよ。

この問題では、解 $x = 3$ を利用して、定数 p と q の関係を見つける必要があります。解答を求めるために解の公式を使って計算を進めてみてください。

こんな感じだね。そしてChatGPTのいいところは、何度でも自分が満足するまで限度なく作ってくれることだ。1問や2問じゃなくて、「10問作ってください」って言ってもいい。**本当にたくさん勉強させてもらえるわけだ。**

そんなに勉強させていただかなくても……。

そんな遠慮しないで。もう1つおすすめなのが、いっぱい問題を解いた上で、「ここまでで間違えた問題の中から、似た問題をランダムに1問作ってください」ってお願いすることだな。

そんなことできるの？

自分の情報の一部はチャットの中に残ってるからね。そんなお願いの仕方もできるんだよ。

一人で解けるようになるまで、ChatGPTに何度も問題を作ってもらう

ChatGPTに図形の問題を作らせたら……

さっき、ChatGPTには出題ミスもあるって話だったけど、ChatGPTにも苦手なことってあるの？

実は、いくつかあるんだ。まず、**ChatGPTは単純な計算があんまり得意じゃない。**

えー！　AIなのに？

ChatGPTは自分で計算問題を解いているわけじゃなくて、**質問に対する答えを推測して出力しているだけ**だからね。

計算してないんだ……。

そう。だから、**桁数が大きかったり、式が複雑だったりすると、間違った答えを出力してしまうことがある**んだ。

計算が一番得意ってイメージがあったかも……。

まあ、それも改善されてきているみたいだけどね。それに、ChatGPTではないけど、計算に関するプログラムが最初から組み込まれていて計算が正確な生成AIもあるんだ。そのうち、この問題は解決されるかもしれない。

ChatGPTに計算を任せるのは危ないってことか。

なんとかならないのかな。正しく計算してもらえると助かるんだけど。

一応、工夫できることもある。 さっきの応用問題の話にもつながるんだけど、まずは自力で問題を「分解」して、ChatGPTと会話しながら1つずつ聞いていくようにすると、計算の間違いが起こりにくい。

うわ、めんどくさ。

そこまでするなら、自分で計算したほうが速いかも。

他にも、**ChatGPTは図形問題も苦手だね。** ChatGPTはテキストベースの生成AIだから、図形を理解するのがとても難しい。

確かに、今までのChatGPTの答えは全部文章だった。

実際、ChatGPTにいろんな入試問題などを解かせてみるという実験でも、出題された図形を正しく理解できなくて、問題を解くのに苦戦しているみたいだね。

図形は苦手……俺みたい。

文章と数式で解けるような問題であれば、解けるんだけどね。例えば、こんな感じで。

底辺が3cm、高さが4cmの直角三角形の斜辺の長さを求めてください。

底辺が3cm、高さが4cmの直角三角形の斜辺の長さを求めるには、ピタゴラスの定理を使います。
ピタゴラスの定理は次のように表されます：
$c^2 = a^2 + b^2$
ここで：
・cは斜辺の長さ、
・aとbは他の2辺の長さです。
与えられた値を代入して計算します：
$c^2 = 3^2 + 4^2 = 9 + 16 = 25$
$c = \sqrt{25} = 5$
答え：斜辺の長さは5cmです。

これ、本当に図形問題って言えるの？

 う～ん。まあ、直角三角形の問題だし、一応、「図形問題を解けた」と言えなくもない、かなあ。

 図形の問題を解くのが難しいってことは、作るのも難しい？

 そうだね、なかなか難しい。例えば、普通に打ち込むとこんな感じになる。

 合同を証明する図形問題を作ってください。

 合同を証明する図形問題の例を以下に示します。
問題：

次の図形において、△ABC と △DEF が与えられている。次の条件を満たすとき、△ABC と △DEF が合同であることを証明しなさい。

1. AB = DE
2. ∠ABC = ∠DEF
3. BC = EF

解答例：
二辺夾角相等合同条件（SAS）により、2つの三角形は次のようにして合同であることが証明できます。

1. AB = DE（対応する辺が等しい）
2. ∠ABC = ∠DEF（対応する角が等しい）
3. BC = EF（対応する辺が等しい）

よって、△ABC≡△DEF（SAS合同条件）。

か、簡単すぎる……条件そのまんまで、そういうことじゃない感がすごい。

この「SAS」って何？

二辺夾角相等（2つの辺に挟まれた角が等しい）のことを英語でそう書いたりするらしいね。まあそれはよくて、いずれにせよ、作ってほしかった図形問題とは違うものだよね。まあ、今のところは、数学の問題を作ってもらうなら、方程式とか関数の問題がいいかも。

ChatGPTは図形の問題が苦手かあ……なんか今日はすごくためになったなあ。

今日**「は」**？　今までは？

う〜ん、**「まあまあ」**ってとこ？

そ、そうなんだ、先生、もうちょっとがんばってみるよ。じゃあ、今日はここまで（くそう、こいつら〜）！

> **まとめ**　ChatGPTは複雑な計算と図形が苦手なことを知った上で使う

4時間目の振り返り

>> 学んだこと

◎ 数学はなぜ大事？
・私たちの生活を支えている → 人生は数学だ！

◎ 問題作りの3つのステップって？
1 こんな問題を出して！
2 自分に合わせて！
3 形式や難易度を変えて！

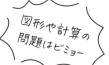
図形や計算の問題はビミョー

◎ わからない問題はどうする？
・「答え」ではなく「ヒント」をもらう
・応用問題は小さなゴールに分けて考える

論理的思考力が身につく！

― ❀ やっておくこと ❀ ―

・身のまわりのどこに数学が使われているか調べてみよう。
・苦手な分野の数学の問題を出題してもらおう。解けないときは、ヒントをもらおう。

今日の感想
先生の授業はまあまあ。

実践編

5時間目

英語の勉強で「もの の見方」を広げる

ChatGPTのきれいな発音でシャドーイング

 こんにちは。今回もChatGPTを使った勉強法を……。

 ……。

 はぁ。

 （また、ため息）どうしたの？　先生に怒られた？

 今日、英語のテストが返ってきたんだけど、みんなひどい点数でさ～。

 それで落ち込んでいたわけだ。

 いや、**点数が悪いのはいつものことなんだけど……**。

 そこは気にしないと！

 実は英語の先生が「こんなんでお前らどうするんだ！　これからの入試の英語は、分量が多くて大変なんだぞ」って。

あー、確かに大学受験の共通テストを見ても、文法問題がなくなった分、読解問題が増えて大変になったっていう人もいるね。そのうち高校受験も変わっていくかも。

全然、時間が足りなくて。 リスニングや英作文も出るし。

なるほどね。確かに英語は昔とは対策を変えないといけないね。外国語は、リスニング・リーディング・ライティング・スピーキングの4つの能力が大事になるわけだけど、スピーキング以外なら、ChatGPTを活用すれば、学習効果がすごく上がるよ。

ChatGPTは英語は書けても、話せないでしょ？

まあ、とりあえず、やってみようか。

 ことわざ「雨降って地固まる」を英語で説明してください。

「雨降って地固まる」は、日本のことわざで、困難や試練があった後に物事が以前よりも良くなることを意味します。これを英語で説明すると、以下のようになります。

Proverb: "After the rain, the ground hardens"

This Japanese proverb means that after experiencing difficulties or hardships, things often improve and become more stable than before. Just as rain can make the ground solid and firm once it stops, challenges in life can lead to personal growth and stronger foundations.

（後略）

パソコンの場合なら、さらに下についているボタンを押す。そうすると、音声が流れるんだ。**ポチッとな……。**

> ことわざ「雨降って地固まる」を英語で説明してください。

「雨降って地固まる」（あめふってじかたまる）ということわざは、日本語で「一度困難な状況や試練を経ることによって、物事がかえって安定し、より良くなる」という意味です。

これを英語で説明すると、以下のようになります：

"After the rain, the ground hardens."
This proverb suggests that sometimes going through difficulties or challenges can lead to growth, improvement, or stability in the long run. It conveys the idea that adversity can strengthen things or people, just like how rain can help solidify the ground or soil.

英語で類似した意味を持つ表現としては、"Every cloud has a silver lining" や "What doesn't kill you makes you stronger" などがありますが、意味が近いものの、表現は異なります。

< 2/2 >

音声が流れてきた！　しかも、発音がいい！

これって誰かが実際にしゃべってんの？

いや、人工の音声だね。でも、発音すごくいいでしょ？

へえ〜、これなら**リスニングの勉強に使えるじゃん。**

そうだよ。**基本的に言語の習得は、その言語がどう発音するのかを耳で聞かなければならない**と言われている。

そして欲を言うのであれば、リスニングしながら、自分の口でも発音してみるといいだろうね。つまり、**シャドーイング**だ。

シャドーイング？

要するに、**英語の音声に続いて、自分で発音する勉強法**のことだね。耳と口を使って勉強することで、単語を覚えたり、外国語のリズムを自分の中に落とし込むことができるようになる。ChatGPTなら何度でも音声を流すことができるから、勉強にすごく役に立つんだよ。

まとめ ChatGPTを使ってシャドーイングをしてみよう

自由英作文の採点が驚くほど速くて簡単

ところで、さっき英作文の話をしていたけど、どんなことに困っているの？

う〜ん。「意見を書け」っていう問題の点数がいまいち取れなくて。

自由英作文だね。 最近、特に出題が増えている形式だから、書けないと合格は厳しいね。どんなところが難しいの？

そもそも「○○語以上で書く」っていうこと自体が難しいんですけど、練習で書いても、それが合っているかわからなくて。

確かに、自分では採点しにくいよね。でも、**ChatGPTを使えば、あっさり解決だ。** これも実際に見てもらおう。

「留学についてあなたの考えを述べよ」という英語の問題に対して、こんな回答を作りました。10点満点で採点してください。

I do not think students should study abroad.
Firstly, it costs too much to go abroad.
If the students will use the Internet, they will be able to cut some costs.
Moreover, going to another countries are not safety.
People have to be careful.
Therefore, I do not think students should study abroad.

あなたの回答を評価し、10点満点で採点します。また、評価の基準と改善点についても説明します。

評価：
4点／10点
（中略）
修正例：
Here's an improved version of your answer:

I do not think students should study abroad.

Firstly, studying abroad can be very expensive. Tuition fees, accommodation, and travel costs can add up quickly. By using the Internet for online courses, students can significantly reduce these expenses and still gain a quality education.

Secondly, going to another country may pose safety risks. Different countries have different safety standards and students might not be familiar with local laws and customs. This could potentially put them in dangerous situations.

Therefore, considering the high costs and potential safety issues, I believe students should think carefully before deciding to study abroad.

このように、具体的な理由と例を含めることで、より説得力のある回答になります。改善点を踏まえて、さらに良い回答を目指してください。

えっ、こんな一瞬で採点してもらえるの？　**すげえ！**

しかも、修正例まで書いてくれてる。

すごいよね。普通、これを人に頼ろうと思ったら、めちゃくちゃ時間かかるからね。それを一瞬でやって、点数まで出してもらうことができるのは本当にすごいことだ。

でも、何が間違っているのか、**もっとていねいに教えてほしいんですけど。**

じゃあ、追加で聞いてみよう。

先ほどの文章の文法上のミスを、どこが間違っているか、どう直せばいいかを含めて、詳しく教えてください。

 もちろんです。以下に、あなたの文章の文法上のミスとその修正方法について詳しく説明します。

文法ミスと修正方法：

1. 文法ミス：
- Firstly, it costs too much to go abroad.
- "Firstly"は文頭に使うことができますが、次の文でも"Moreover"という同様の接続詞を使っているため、スタイルを統一するために修正が必要です。
- If the students will use the Internet, they will be able to cut some costs.
- 仮定法の条件節では、未来形の"will"を使わずに現在形を使います。
- 正しい文："If students use the Internet, they will be able to cut some costs."

（中略）

2. 文法と表現の改善：
- People have to be careful.
- この文自体は文法的に間違っていませんが、文脈に対して少し一般的すぎるため、具体的な内容を追加すると良いでしょう。

（中略）

これらの修正点を踏まえて、文法的に正しく、より明確な文章になりました。質問や他の修正点についての疑問があれば、教えてください。

すげー。どこを直したらいいかしっかり教えてくれてるじゃん！

でしょ？　ちなみにこれも、英語で発音してもらえる。書いてもらった英語の回答を、英語でどう発音するのかしっかりと確認できるわけだね。

今度から、先生じゃなくてChatGPTに聞こうかな……。

いや、人間の先生のほうが詳しくいろんなことを教えてくれるし、時間がかかってもショウタ君のことを考えて話をしてくれるわけだから、これまで通り、学校の先生も頼りにしたほうがいいよ。

まとめ 先生とAIの両方を効果的に活用する

自由英作文で大事なのは「書きやすさ」

もう少しレベルを上げてみようか。

え〜！　もう十分だよ。

いやいや、入試に出る大事な話だよ！　英作文で「○○について、賛成か反対か？」みたいな問題は見たことない？

あります。確か「学校の制服は必要か」って問題でした。

 そういう問題は、英語で書く前に、賛成や反対の理由をひねり出さないといけないよね。

 そうそう。それにも時間がかかっちゃうんだよね。

 ポイントは、賛成でも反対でもいいんだけど、**書きやすいほうを書くってこと。**

 自分の考えに合うほうを書くってことでしょ？

 そうとは限らないよ。自分の意見は、英語にするのは難しいってことがあるからね。ちょっとやってみようか。

 英作文の問題です。大統領制と総理大臣制、どちらがいいかについて、立場を明確にして60語以内の英語で述べてください。

 Here's a concise response for your essay question:

I believe a presidential system is more effective than a parliamentary system. It provides clear separation of powers, ensuring accountability and stability. The president is elected independently, allowing for decisive leadership and a strong mandate from the public. In contrast, parliamentary systems can lead to frequent changes in leadership and policy, creating uncertainty.

もちろん、この回答も、簡単にも難しくもしてくれるからね。

ちょっと難しいと思ってたから、よかった。

でも、**ここで終わらせると、もったいないんだ。**

どうして？

この回答は「大統領制がよりいい」って言っているわけだけど、総理大臣制がいいっていう立場も知っておけば、本番のときに選べるからね。

総理大臣制のほうがすぐれているという立場でも回答を書いてください。

> Here's a response supporting the parliamentary system:
> I believe a parliamentary system is superior to a presidential system. It promotes collaboration and consensus, allowing for more responsive governance. The Prime Minister, elected by the legislature, can be held accountable and replaced if necessary, ensuring stability and adaptability. This system fosters stronger political parties and encourages more diverse representation, reflecting the public's needs effectively.

これで書きやすいほうを選べばいいんだ。

> **まとめ** ChatGPTにさまざまな立場で
> 自由英作文の答えを書いてもらう

「批判的思考」を身につけて、対立から解決へ

こうやって、どんどん自由英作文で書けるネタを増やしていけばいいんだよ。でも、それより覚えておいてほしいのは、こうして**複数の意見を聞くことは、英作文だけではなく、日常でも役立つ**ってこと。

え、どんなところで？

「批判的思考」って聞いたことある？　**クリティカル・シンキング**なんて言ったりもするね。

批判？　**相手を論破することですか？**

ちがう、ちがう。 簡単に言うと、**その考えがもっとよくならないか、間違った部分がないか見つめ直すこと**だね。そのときには、異なる意見がすごく役立つんだ。

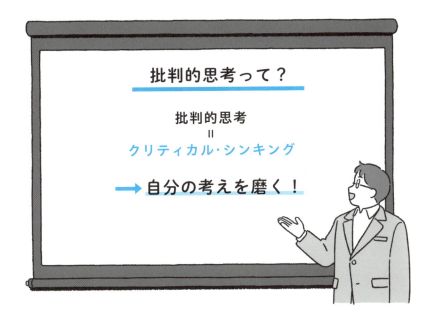

もうちょっと、わかりやすく言ってよ。

人間って、どうしても意見が合わないことがあるでしょ。例えば、「ChatGPTは、学校では禁止」って言う先生がいるよね。

いるいる。「生徒がサボる！」って。

「授業中に遊ぶに決まってる！」とか。

そうだね。もし、その先生たちにChatGPTを認めてもらうにはどうしたらいいかな。

うーん、そうですね……。例えば、私たちが実際にChatGPTで勉強しているのを見せればいいんじゃない？

変な使い方さえしなきゃいいのかな？

いいね。 となると、最初は対立していても「ChatGPTはルールを決めて使う」と提案すれば、折り合いがつけられるかもしれない。

学校でChatGPTをどう使うか。もし先生たちと話し合ったら、どうなりそう？

なるほど、そうかも……。ChatGPTで先生がラクになることもある気がするし。

そうだね。賛成・反対とも違う、第三の道を開くためにも、**いろんな見方や考え方を知ることは、日頃からやっておくといい**んじゃないかな。

まとめ 自分とは異なる考え方にも耳を傾ける

英作文は「言い換え力」で減点を防ぐ

自由英作文の前に、そもそも俺は**英作文が苦手**なんだよね……。

英作文って、何に気をつけて書いたらいいの？

英作文で一番大切なのは、相手に伝わる英語を書くことなんだ。ついつい完璧できれいな英文を書こうとしてしまいがちだけど、文章のきれいさで加点されることってあんまりない。むしろきれいに書こうとして間違ったり説明不足だったりして減点されるほうがもったいない。

さっきも「**書きやすいほう**」って言ってたっけ。

それそれ。例えば、電車の「乗客たち」と書きたいけれど、"passengers"という単語に自信がなかったとしよう。

そこで、無理して書いてスペルを間違えるくらいなら、"people on the train"（電車に乗っている人々）と書いたほうが、**不格好でも減点されにくい。**

なるほど！

本番でも、言い換えが思いつくかな……。

それには、英単語を「覚える」勉強だけじゃなく、**英語を使って「伝える」練習が必要**だね。そのためには、日常生活の中で見かけた言葉や光景について「英語ではどう説明できるかな？」と考えるクセをつけるといいよ。

やったことないし、なんだか難しそう。

もちろん、わからないことも多いだろうけどね。気になったら調べてみるといい。使える英語表現の知識が増えて、英作文でも使える語彙が広がるよ。

さっそく、今日の帰り道からやってみようかな。

英作文ができたら、自分の書いた英文をChatGPTに直してもらおう。

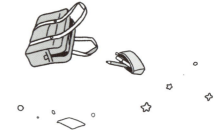

下記の英文に間違いがあれば指摘してください。
Please teach me your name.

「Please teach me your name.」という文は文法的には間違っていませんが、より自然な英語表現にするためには「teach」ではなく「tell」を使うのが一般的です。「teach」は通常、スキルや知識を教えるときに使いますが、名前を教えてもらう場合は「tell」が適切です。

自然な表現：
Please tell me your name.

これで意味がより明確で自然になります。

 へえ、結構ていねいに教えてくれるじゃん！

 もちろん、ChatGPTの作った英文だけが正解ってわけじゃないけど。明らかに間違ってるところは教えてくれるし、チェックしてもらう意味はあるんじゃないかな。

まとめ 日常を英語で表す習慣を身につけて、ChatGPTで答え合わせをしてみる

苦手なテーマの長文問題もAIの力で克服

じゃあいよいよ、ChatGPTの英語活用法、**第1位をはっぴょ〜う！**

（いつの間にランキングに……変な人）

第1位は「リーディングの問題を出題してもらう」です！

長文か〜。**気が重くなってきた。**

冒頭でも言ったけど、英語の試験は英文の量が増えているんだ。だから、**長文問題が不得意だと、不利になってしまう。** ということで、早速やってみよう。

英語の長文問題を出題してください。テーマは「ChatGPTについて」でお願いします。

もちろんです。以下にChatGPTに関する英語の長文問題を作成しました。問題とそれに対する設問も用意しましたので、解いてみてください。

Reading Passage:

ChatGPT is an advanced language model developed by OpenAI. It is designed to understand and generate human-like text based on the input it receives. One of the key features of ChatGPT is its ability to provide information and answer questions on a wide range of topics. This makes it a valuable tool for students, researchers, and professionals alike.

Many students use ChatGPT to assist with their studies. For example, it can help them with writing essays, understanding complex concepts, and even practicing language skills. Researchers often rely on ChatGPT to quickly gather information from various sources, summarize articles, and even brainstorm new ideas. Professionals in various fields use it to draft emails, create reports, and develop content for presentations.

Despite its many advantages, ChatGPT is not without its limitations. Since it is trained on a large amount of text from the internet, it can sometimes produce incorrect or biased information. Users must be cautious and verify the information obtained from ChatGPT. Additionally, ChatGPT does not have the ability to understand the context fully like a human does, which can sometimes lead to misunderstandings or irrelevant responses.

Overall, ChatGPT represents a significant advancement in artificial intelligence and natural language processing. It has the potential to transform the way we access and interact with information, making it an invaluable resource for people from all walks of life.

Questions:

1. What is one of the main functions of ChatGPT?
2. How can students benefit from using ChatGPT in their studies? Provide two examples.
3. What are two limitations of ChatGPT mentioned in the passage?
4. Why must users be cautious when using ChatGPT?
5. According to the passage, how might ChatGPT transform the way we interact with information?

解答してみてください。質問があればいつでも聞いてくださいね。

速っ！　ChatGPTは、ほんと何でもできるんだな。

でしょ？　テーマを指定して英文が作れるし、すごく便利だよ。スポーツ、文学、医療……**苦手なテーマがあったら、何回も練習問題を作ってもらえばいい。** もちろん、これも英語の発音が聞けるからね。

でも、これだと実際の試験に合わないような……。

形式や難易度だって、変えられるよ。 例えば「TOEICのテストで出題されるレベルの英語長文問題を作ってください」みたいなことができるわけ。

TOEICに興味があるから、見てみたい！

TOEICのリーディングパートの問題をお願いします。

 以下は、TOEICリーディングセクションの形式に基づいた練習問題です。各パートの例題を作成しました。

Part 5: Incomplete Sentences（不完全な文）

1. Directions: Select the best answer to complete the sentence.

The new marketing campaign was so _____ that it increased sales by 30% in just one month.
A. effective
B. effect
C. effectively
D. effectiveness

（後略）

 もちろん解説もしてくれるよ。

 解説もお願いします。

 以下は、各問題の正解とその解説です。
Part 5: Incomplete Sentences（不完全な文）

1. The new marketing campaign was so _____ that it increased sales by 30% in just one month.
Answer: A. effective

解説：
「The campaign was so _____ that...」の文脈から、ここには形容詞が入る必要があります。
○effective（形容詞）：効果的な → 文意に最も適合。
○effect（名詞）：効果
○effectively（副詞）：効果的に
○effectiveness（名詞）：効果のある状態
　　　　　　　　　　（後略）

 へえ、すごい便利。

まとめ 自分の受ける試験に合わせて
ChatGPTに問題を作ってもらう

「英語の長文がニガテ」を解決する必須テクニック

 ChatGPTが長文問題を作ってくれるのはわかったけど、そもそも英語で長い文章を読むのが苦手なんだよなあ。

 私も、問題文を読むだけですごく時間がかかってしまって、いざ問題を解こうと思っても時間が全然足りない……。

 どうしたら、英語の長文を速く読めるようになるのかな？

二人は、英語の長文を読むとき、どうやって読んでる？

どうって言われても……普通に、1行目を読んで、日本語に訳して、次に2行目を読んで、っていう感じだけど。

それだと、**読んでいるうちに前の文章の内容を忘れちゃったりしない？**

する！ それで前のほうに戻ったりして、全然進まないの。

そうでしょ。ちょっと想像してみてほしいんだけど、日本語の新聞を渡されて、「1面にどんなことが書いてあるか、ざっくり教えてほしい」と頼まれたら、1行目から順番に読むかな？

そんなことしなくても、**単語とかから、なんとなくわかるじゃん。** 政治の話だな～とか。

そうだよね。英語ネイティブの人も同じで、英語の長文をそうやって読んでいるんだ。君たちはまだ、英語を読み慣れていないだけってこと。

え！ でも、**1行ずつ訳さないと意味がわからないよ。**

もちろん、ちゃんと**単語や文法に着目して、英文を正確に読む力も必要**だよ。その上で、英語の長文を速く読むための練習としては、「**斜め読み**」の練習をすることが有効なんだ。

そりゃもちろん、「斜め読み」できたら速いだろうけどさ。ちゃんと読まないと、何が書いてあるかわからないって。

「斜め読み」のコツは、動詞に注目して動詞の意味を拾うこと。この際、**主語の「誰が」とか目的語の「何を」はもう無視していい。**

え？ **動詞だけ？**

そう。**動詞って、文の意味の中核をなす場合が多い**んだよね。動詞さえ捉えてしまえば、あとは文脈の意味に合わせて残りの単語を読むだけだから、内容を捉えやすくなるんだ。

ほんとかなあ？

例えば物語文で、"ran"（走った）、"called out"（声をかけた）、"was surprised"（驚いた）という動詞が続いていたら、誰かが走って、声をかけたら、驚いたんだなってことがわかる。これだけでも、大体どんなことが起きたかわかるでしょ。

全然正確じゃないけど、大丈夫かな……。

もちろん、これだけじゃ物語の全容はわからないし、問題に答えるのは難しいと思う。それでも、最初にこうやってざっと「斜め読み」して、大体どんなことが起こるのかをわかった状態で最初から読むことで、**１行１行が断然読みやすくなるんだ。**

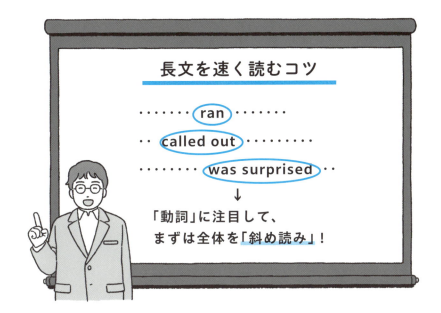

 オチを知ってる話を読む、みたいなこと？

 そうそう！ 次に何が起こるのかわからない文章を読むのは日本語でも大変なのに、英語で読むなんてもっと大変だからね。先に全体を読んじゃおう。慣れてきたら、最初の「斜め読み」で拾える情報が増えてきて、もっと楽になるよ。

 へえ〜。今度やってみよう！

まとめ 長文は、1行ずつ読む前に、斜め読みで全体を「予習」するのがコツ

長文を読む速さを
さらに上げるもう1つのコツ

もう1つ、**長文読解のコツ**を教えよう。それは、**「次にどんな文章が来るかな？」と予測しながら読む**ってことなんだ。

予測？　そりゃ、先がわかったら速いだろうけど……そんなことできるの？

それが、実は意外とできるんだ。というか、日本語ではみんなやってることで、それを英語でもやるだけだよ。例えば、テレビの通販番組って見たことある？

見たことはあるかな。

ああいう通販番組では、まず「こういうことでお困りの方、多いですよね？」ってところから始まるんだ。「掃除機がうるさくて……」「フライパンが焦げ付いて……」とかね。

ちょっとしたドラマみたいなやつね。

それから、「今回ご紹介する商品はこちら！」って感じで、その商品がいかに優れているか、問題を解決できるかってことを実演したり説明したりするんだ。

あー、あるある（笑）。

でも、こんなことをわざわざ説明されなくても、最初に「フライパンが焦げ付いてお困りの方、多いですよね？」って言われた時点で、「ああ、フライパンの通販か」ってわかるでしょ？

そりゃそうでしょ、通販番組だもん。で、その後は**「お値段なんと29,800円！」**みたいな。

その次は**「ですが、今回に限り……！」**だよね。

それそれ！　**それが予測するってこと。**日本語で予測できるんだから、英語の文章でも予測ができるはずなんだ。

それはそうだけど、**通販はお決まりのパターンがある**から、なんとなく予測できるんでしょ？

英語の長文の場合でも、こんなふうにできるよ。例えば、１行目が「不運な出来事というのは立て続けに起こるものだ」から始まる物語文だったら、不運な出来事が立て続けに起こるんだなって思うでしょ？

まあ、そう書いてあるなら、そう思うかな。

それでいいんだ。書いてあることに対して、**「次はこんなことが書かれていそう」**って、ちょっと考えを巡らせるだけでいい。

予測って、物語文じゃなくてもできる？

なんでもできるよ。

例えば、ある論説文の1行目が「博物館の入館料の値上げが全国で相次いでいる」なら、博物館の入館料の値上げの話だろうし、もっと言えば値上げの原因とか値上げのメリット・デメリットが書いてありそうな文章だよね。

でも、**予測がはずれることもあるよね。**

もちろん。そのときは**書いてあることを受け入れて、予測を変えていけばいいんだ。**間違っても、**「こう書いてあるに違いない！」**って、自分の予測にこだわりすぎないでね。

それだと筆者の考えじゃなくて、自分の考えだもんね。

さらに言うと、日本語でできることは英語でもできることが多い。例えば、日本語の文章では、「しかし」の後に重要な内容が書かれていることが多いって習わなかった？

国語の授業で習ったかも。

英語でもそうだよ。"but"（しかし）の後には、筆者が本当に伝えたかった内容が書かれていることが多いんだ。"for example"（例えば）の後は具体例だろうし、こういうふうに**「つなぎ言葉」に着目して読んでいくのもコツの1つ**だね。

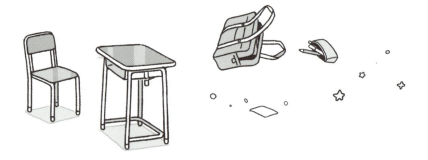

もっと英語を速く読むコツ

・次にどんな内容が来るか「予測」
→ 文を読んで、ちょっと考えるだけでOK。
　ただし、予測がはずれることもある！

・「しかし」「例えば」など、
　つなぎ言葉に注目
→ 日本語と同じ考え方で推測

まとめ 英語も言語の1つ。
日本語と同じに推測の方法が使える

AIが訳すから、英語の勉強は無意味?

 今日もいろいろ聞いたけど、個人的には、教科書の英文を和訳してこいとか、**面倒な宿題をやってもらいたいな。**

 もちろん、それもできるよ。

英文が書かれたPDFを読み込ませて、訳してもらうこともできる。しかも、普通の翻訳サイトでやっているものよりも優れた訳が出てきやすい。

そうなの？

例えば、英文を入力して「これを翻訳してください」って言ったら、それを**ChatGPTは自分で翻訳せずに、Google翻訳をはじめ、さまざまなサイトで翻訳を行う**んだ。その中から一番優れているものを表示してくれるんだよ。

知らなかった。すごいな！

今は翻訳の技術は非常に高くなってきている。もう少ししたら、翻訳機ももっと精度が上がって、外国人とも普通にしゃべれるようになるかもしれないと言われているんだ。

そうなんだ。でもそれだと、**英語の勉強って、意味がなくなっちゃうんじゃない？**

そんなことないよ。さっきの批判的思考のように、勉強の中でものの見方を身につけることにもなるし、翻訳機の訳が正しいか判断するためにも**英語の勉強は大事**だと思うよ。

そうだよな。もし外国人の恋人ができたときに、翻訳機じゃ、かっこ悪いもんな〜。

確かにそうだなあ。

 一人ぼっちの先生には関係ない話でしょ。

 ハハハ！

 （ハハハじゃねーよ）はいはい、じゃあ今日はこれで終わり！

 翻訳技術がいくら発達しても、英語の勉強には意味がある

5時間目の振り返り

>> 学んだこと

◎ ChatGPTはどんな英語の勉強で使える?
- 「読む」「書く」「聞く」の勉強ができる
- おすすめはシャドーイング

  =「英語の音声を追いかけるように音読」

  （「話す」はできない）

◎ 英作文でのポイントは?
- 「書きやすい」英語を書く
- 多様な意見を聞いて
  批判的思考を身につける
  =「別の見方を知って、情報の正確性を確かめる」

  （採点、修正がめっちゃ速い!）

◎ 長文問題はできる?
- レベルや難易度に合わせて問題を作ってくれる
- 速く読むには「動詞の斜め読み」と「予測」

・❀・やっておくこと・❀・
- ChatGPTに自由英作文の答えを添削してもらおう。
- 長文問題を作ってもらい、速く読む練習をしよう。

今日の感想
恋愛の話は先生には無縁。

実践編

6時間目

「要約力」こそ国語のカギ

国語を勉強する意味って?

はい、こんにちは。前回までは英語と数学の勉強法について話したけど……。

はあ。

どうしたの?

今日、ショウタは国語の先生に怒られたんですよ。

今度は何やらかしたの?

爆睡しただけなんだけど。

そりゃ、怒られるでしょう!

だってさ、教科書を読んで、文章をひたすら板書するような授業、眠くなるって。それにさ、**国語の授業って、何の意味があるんだか。**

ええ!?

6時間目 「要約力」こそ国語のカギ

だって別に、今でも俺らって、日本語普通に使えるじゃん？

授業中、爆睡するのは考えものですけど、国語って、勉強してどうにかなる気がしないのは、確かかも。

ふむ、なるほど。じゃあ、**国語の勉強はなんで必要なのかって**話からしようかな。まずは、このクイズを解いてみてよ。

本文の趣旨に合うのはA〜Cのうちどれか。次の文章を読んで記号を答えなさい。

タイトル：人の評価を気にする人へ

「人は毎日人から評価されて生きていますが、人の評価などを気にするというのは愚かなことなのです。フランスの救国の聖女ジャンヌダルクは、魔女裁判で火刑に処されて最期を迎え、死後500年経ってから聖人に認定されました。評価が変化したのです。あのシェイクスピアも、自分の著書の中でジャンヌのことを罵倒していたりします。これは、イギリスがフランスの敵対国だったからです。逆に、探検家のクリストファー・コロンブスは高く評価されていました。「アメリカ大陸の発見」によって、ヨーロッパに食料品や資源などを持ち帰り、大きな利益をもたらしたからです。しかし今ではそれも変わり、植民地支配のきっかけとなったことなどから、批判的な評価をする人もいます。人の評価を過度に気にする人が多いですが、人間の評価というのは、時代や評価する人によって変わってしまうもの。気にしない方がいいのです。」

A　ジャンヌダルクは、死後になってから評価された。
B　コロンブスは、アメリカ大陸の発見で高く評価されていた。
C　人の評価は気にしないほうがいい。

え？　えーと、タイトルが「人の評価を気にする人へ」？

タイトルを見る限りは、「C」かな。「評価なんて気にするな！」って話だろ？

私も「C」だと思う。最後にも「人間の評価というのは、時代や評価する人によって変わってしまうもの。気にしないほうがいいのです」って書いてるもんね。

二人とも正解。実際この文章を書いた人は、「人の評価なんて気にする必要はない」って話がしたくてこの文章を書いているんだろうな、ってことはわかるよね？ じゃあ、「本当にコロンブスはアメリカ大陸を発見したんですか？」とか「ジャンヌダルクの評価が変わったというのは諸説あるんじゃないか」とか、そんなことを言われたら、どう思う？

そこじゃないでしょって思う。

コロンブスもジャンヌダルクもたとえだし。

そうだね。結局、「何を伝えたいか」という芯の部分を捉えないと、問題も解けないし、コミュニケーションもうまく取れないわけだよ。だから、この「芯」を捉えることを国語では重要視しているんだ。

> **まとめ** 国語で一番大事なのは、
> 話や文章の「芯」を捉えること

「文章力」と「読解力」を上げる練習法

今みたいに、長い文章や話の芯を捉えて簡潔に言いまとめることを「要約」と言う。この要約という行為は、人と話すときにも使うし、文章を読むときにも使うよ。

国語のテストだと、「この文章を言いまとめている選択肢を1つ選びなさい」とか「次の文章を要約しなさい」という問題は頻出だよね。

それはわかるんですけど、要約するって難しくないですか。どうやって勉強するんだか……。

例えば、「社説」の要約なんかどうかな。

シャセツ？

そう。社説っていうのは、新聞社が世の中の問題に対して意見を述べた記事のこと。

新聞って、ニュースが淡々と書かれてるんじゃないんですか？

新聞は基本的には起こった出来事が書かれているものなんだけど、社説だけは例外的にその新聞社の意見や主張も書かれているんだ。

でも、**うち新聞とってないです。**

俺んちも。ニュースはネットで見るかな。

別に構わないよ。社説はネットで読めることも多いし、何かテーマを決めてChatGPTに「学校の校則のあり方について、1000文字程度で○○新聞の社説みたいな文章を作ってください」ってお願いしてもいい。

あ、そうなんだ。で、それからどうするんですか。

社説を読んで、200文字以内の要約文を作るんだ。それでChatGPTに「要約のフィードバックをお願いします」とお願いすればいいんだよ。記事のURLを貼ったり、PDFを添付したりしてもいいね。

添付の社説を200文字以内で要約したので、フィードバックしてください。

文化庁が発表した令和5年度の「国語に関する世論調査」によれば、月に1冊も本を読まない人が6割を超えたという。本を読む人も読書量が減っている。背景にあるのはインターネットの普及だ。本を読まないと答えた人の75%がほぼ毎日SNSやネットの記事は目にしているという。「活字離れ」は進んでいないが、読書をして考える習慣は失われつつある。官民が一体となって、読書文化を守る必要がある。

要約文は、要点を的確に押さえています。以下にフィードバックを挙げます。

良い点：

・調査結果の重要部分（本を読まない人が6割以上いる点や、SNSで活字を読んでいる人が多い点）が簡潔にまとめられています。
・「活字離れ」と「読書離れ」の違いに触れている部分も明確です。

改善点：

・「官民が一体となって、読書文化を守る必要がある」という部分を、より具体的にしても良いかもしれません。例えば、

「政府や民間の取り組みが重要」と表現すると、意図が伝わりやすくなります。

もちろん解答例も出してくれるよ。

解答例をお願いします。

こちらが、200文字以内での解答例です。

文化庁の調査によると、月に1冊も本を読まない人が6割を超え、読書量の減少が顕著である。背景にはスマートフォンの普及があり、SNSやネット記事を読む人は多いものの、本を読んで考える習慣が失われつつある。読書は思索の源であり、官民が協力して書店支援などを通じ、読書文化を守る取り組みが求められている。

この解答例では、調査結果や背景にある理由を簡潔にまとめ、読書文化を守るための取り組みを強調しています。

国語って自分で勉強しにくいけど、これなら採点も自分でできそう。

でもさあ、**なんで社説がいいの？**

まずは、本と違って分量が長くないということ。しかも、ほぼ毎日違う話だから、飽きにくい。それに、割と主張がはっきりしているから、まとめやすいんだ。ついでに、応用的なことを言うと、**日によって新聞社を変えてみたり、テーマごとに読み**

比べてみたりするのも、おすすめだよ。

 わざわざ、なんでそんなことするの？

 さっきも言った通り、社説は新聞社の意見。だから、新聞社ごとに主張が違うんだ。読み比べておけば、いろんな意見がわかるってわけ。考え方を広げることにもなるし、小論文試験にも大いに役立つはずだよ。

 へえ～、あとでネットで見てみよう。

 要約を作るときは、文章のどこが「芯」で、どこが具体例かといった、文章の構造を意識するようになる。だから、これを続けると「読解力」も身につくはず。もちろん「文章力」もね。

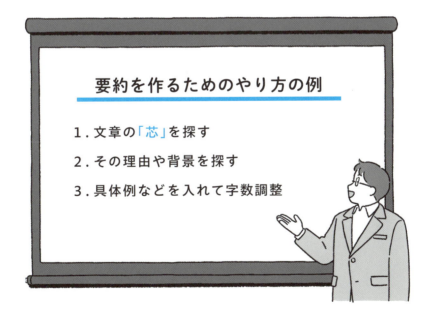

要約を作るためのやり方の例

1. 文章の「芯」を探す
2. その理由や背景を探す
3. 具体例などを入れて字数調整

まとめ ChatGPTに社説の要約を見てもらおう

「言いたいこと」の見つけ方

「芯」ねえ……**そんなに簡単にわかるのかな？**

そもそも「見つけ方」がわからないと、いくら練習しても上達しないような……。

そうだな……例えば、友達からこんなことを言われたとする。

あのさー、ごめん。この前お願いした文化祭の仕事なんだけど、今どう？ どれくらい終わっているかな？ いや、せかしているんじゃないんだよ。なんかさ、来週の金曜日までが締め切りってことでお願いしているわけなんだけど、実はさっきちょっと先輩から、「現時点でどれくらい終わってるかだけ報告してほしい」って言われててさ。いや、無理だったら無理しなくてもいいんだけどさ。ごめんね？

これ、何が言いたいと思う？

うーん。なんかいろいろ言ってるな。えーと、まあ、あれだろ？ 文化祭の仕事について、先輩から聞かれてて……。

まあ、「どれくらい終わっている？」って聞きたいわけだよね。

そうそう。「どれくらい終わっている？」って聞きたいわけだ。でも、なんでそんなことを聞かれているんだっけ？

え？　それは、えっと……。

先輩にどれくらい終わってるのかを報告しなきゃならないから、でしょ？

そうだね。ってことは、根本的な質問としては「先輩に答えられるように教えてほしい」って話だよね。**これが要約になるわけだね。**

ああ、そっか。

それがわかれば、ただ答えるだけじゃなくて、**「友達が先輩に答えやすいように」**教えたら、なおいいよね。

そうしたら、気が利く人だと思ってもらえそう。

この場合、「先輩に答えられるように教えてほしい」ってのが「芯」になる。**「芯」は、「なんでこんな話をされているんだっけ？」って考えることで見えてくるんだ。****文章は結局、「こんなことを言いたい」というものがあって作られているもの。**その話をするために、具体例を出したり、対比の材料として違う話をしたりする。でも結局、「言いたいこと」の根っこは同じなんだよ。

さっきの例だって、ジャンヌダルクの話をしたいわけじゃなくて、人の評価なんて気にするな、って言いたかったわけで。

そう。「なんでジャンヌダルクの話をこの人はしているんだろう」って考えることで、相手が本当は何を言いたいのかが見えてくる。**それこそが芯であり、文章の要約になる**わけだよね。そして、これはコミュニケーションでも同じことなんだ。

> **まとめ**　「この話をなぜしているか？」を考えると、「芯」が見えてくる

読書感想文にAIを使ってもいい？

国語の先生が要約力を身につけさせたいのは、わかったよ。そうしたら、**「読書感想文」って別にいらなくない？**　あらすじでいいじゃん。

それも、そうね。**面倒だし。**

こういうときこそChatGPTの出番だよな、先生？

何度も言っている通り、宿題にChatGPTを使うなとは言わないよ。でも、ChatGPTの回答だけで完結させるのは、よくないよ。

えー、別にいいじゃん。

 これも前に伝えたけど、ChatGPTの回答は完璧ではないし、回答の丸写しでは何の能力も身につかないからね。

 でも、**読書感想文の意味って何ですか。** 苦痛でしかないんだけど。

 まとまった文章を書かせる、本を読ませるといった意味もあるんだろうけど、先生が読書感想文を出す目的の1つは、「<u>自分を客観的に見る</u>」じゃないかな？

 客観的に見る？

 うん。英語のところで「批判的思考」の話をしただろ？

 違う意見と比べて、考えを見直すって話？

 そう。それと似ていて、結局、本に書いてあることは、「**自分の体験や考えと比べてどうなの？**」ってこと。だから、**読書感想文には、そのあたりを盛り込んで書いたほうがいいんだ。**

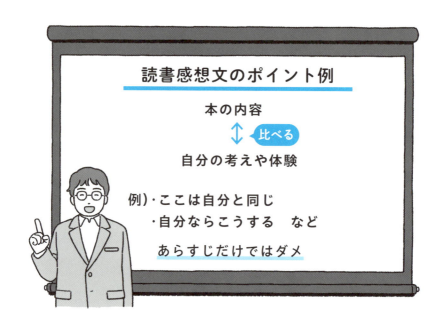

 さすがに「あらすじが9割」じゃダメなんだ。

 でも、**書けないときは書けないって。**

 困ったときは、こんな感じでChatGPTを使ったらいいよ。

かちかち山の感想として、こんな文を書きました。コメントをお願いします。「かちかち山は、たぬきが悪いことをして、それをウサギがこらしめるという話ですが、やはり悪いことはしてはいけないという話なんだろうなと思いました」。

あなたの感想文は、物語の主題をしっかりと捉えていますね。「たぬきが悪いことをして、ウサギが懲らしめる」という内容を簡潔にまとめた上で、「悪いことはしてはいけない」という教訓に触れている点もよくできています。

ただし、もう少し具体的な感想を加えると、文章がさらに豊かになると思います。たとえば、「たぬきがした悪事」や「ウサギがどのように懲らしめたか」に対するあなた自身の感じ方を少し述べると、より深みが出るでしょう。次のような表現を付け加えるといいかもしれません。

「特に、ウサギの罠が巧妙で、読んでいて少し驚きました。たぬきの悪事に対して厳しい罰を与えることで、正義が貫かれることに共感しました。」

このように具体的な部分を織り交ぜることで、感想がより個性的で深いものになると思います。

これは1回だけのやり取りだけど、**少しずつ書いては聞いて、書いては聞いてを繰り返していけば、内容も表現もよりよい作文になるんじゃないかな。**

アドバイスをもらうってことね。これなら、直す時間も短縮できそう。フィードバックも、高速だし。

英語でも国語でも、**作文は誰かに読んでもらって直すのが一番の上達の近道**だよ。ChatGPTなら、何度聞いても嫌がられないし、**自信がない文章でも見せても恥ずかしくないよね。**

確かに。 それって結構大きいな！

> **まとめ** 読書感想文が書けないときは
> ChatGPTに何度も読んでもらって直していく

ChatGPTの要約があるから、読書はいらない!?

ねえ先生、でも結局、ChatGPTとかがあるんだから、**そもそも本とか読まなくてもいいんじゃない？** 本で知識を得なくても、ChatGPTに聞けば、それで終わりになるんじゃないの？

なんかそんな感じするよな。本なんて読まなくても、本の内容を要約してChatGPTが教えてくれるわけでしょ？

なるほど、二人はそう思うか。でもさ、ここまでの話をしていてわかったと思うんだけど、**ChatGPTを信じすぎるのもよくないんだよ。** 例えば、ChatGPTが本のどの部分を要約するかはわからないんだよね。小説でも、ちょっとしたエピソードで面白いと思う部分があるかもしれないし、脇役のほうが好きだ

と思ったりすることってない？

あー、確かに。漫画でも、主人公以外のほうが割と応援したくなったりするもんね。

それに、**本の内容なんて、100人いたら100人感想が違うでしょ？** 同じ本でも、「すごく面白い！」って人もいれば、「いやいや全然面白くないよ」って人もいる。それと同じで、ChatGPTが要約した本を実際に読んでみたら、「ChatGPTの言ってたことと全然違う！」って感じるかもしれないよ。

まあ、そのへんは実際に読んでみないと、何とも言えないですね。

そうでしょ。もう少しこの話を詳しく説明すると、例えば、文章を読む力は「読解力」って言うよね。これって、「読み解く力」のことなんだけど、これは「読む力」と「解釈する力」の2つに分けられるんだよ。

ん？　その2つって、どう違うの？

「読む力」は、事実を整理して頭に入れること。それに対して、自分なりに考えて、こういうことなんじゃないか、こういうことも考えられるんじゃないか、という感じで**自分なりにかみ砕くのが「解釈する力」**だよ。

うーん、全然わからない。

そうだなあ、例えばアイさんとショウタ君がケンカしたとする。

よくある話ですね。

え、そうなの？　ま、まあ置いておいて、その原因を聞いたら、アイさんは「ショウタ君が自分のことをからかったから、自分は怒ったんだ」と言ったとする。それに対してショウタ君は「そんなことはしていない。自分はアイさんとおしゃべりしていただけだ」と言ったとする。

うーん。俺とアイのどっちかがウソをついているってことかな？

ところが、ちょっと違うかもしれない。ショウタ君はアイさんに、**「ちょっと太った？」**って言っただけなのかもしれないんだよ。

そりゃ怒るわ！　絶対怒るわ！

あー、そういうことか。つまり、俺は本当に、軽くおしゃべりしたつもりだったんだけど……。

 それを、私がからかわれたと解釈した、ってこと？

 そうそう。この場合、ショウタ君はアイさんに**「ちょっと太った？」って言ったのは事実**なわけだ。だけど、**それを「解釈」した結果が違った**んだ。ショウタ君は「おしゃべり」だと、アイさんは「からかわれた」と解釈していた。**これが、「読む力」は事実を整理することで、「解釈」はそれをどう噛み砕くかってことの例**だよ。

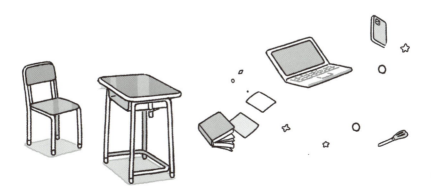

ふ〜ん。読解力ってよく聞くけど、事実を整理するだけじゃないんだ。

そう。**これが「読む力」と「解釈する力」の違い。**「読む力」は事実だから1つにまとまるけど、「解釈する力」はその事実をどう読み解くかって話だから、**人によって全然違ってくる**わけだよね。

「読む力」はさっきの要約で勉強できそうだけど、「解釈する力」って、どうしたらいいの？

そこで読書感想文だよ！

なんで、ここで読書感想文？

読書感想文は、「読む力」と「解釈する力」の2つを順番に行うものなわけだ。あらすじを書くのは「読む」で、それに対する感想を書くのが「解釈」。で、事実を整理するところまでは「読む」ということで、ChatGPTに頼れる部分もある。だけど、**「解釈」は自分でやるしかないし、そうやって少しずつ力をつけていくしかない**んだ。

6時間目 「要約力」こそ国語のカギ

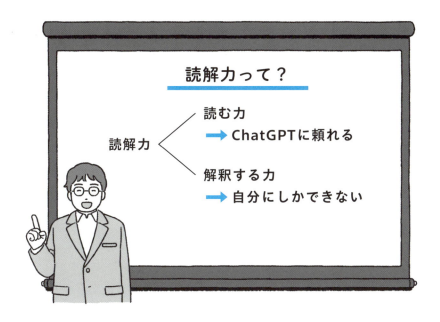

まとめ 「解釈」はChatGPTには頼れない、自分の力でやる

もしも読解力がなかったら……

 それとさ、**結構当たり前すぎて、みんなわかってないことが1個あるんだよ。**

 え、何？

ChatGPTの言っていることを理解するにも、読解力が必要だってこと。だって、ChatGPTの回答って長かったりするじゃん。

あー、確かに、そう言われてみると……。

なんか今まで普通に読んでいたけど、ChatGPTの回答って、結構長いことが多いよな。ちょっとしたことにも、すげえ文字量で返してくれるから、大変ではある。

でしょ。もちろん、ChatGPTの回答を「短くして！」ってお願いすることはできるけど、でも結構読むのが大変だよね。やっぱり、普段から長い文章を読む訓練をやっておかないと、ChatGPTの回答すら読めなくなってしまうかもしれないんだよね。

そっか……。ChatGPTがいくら万能だからといっても、回答を読むのは私たちですもんね。

そういう意味では読解力って必要だし、読解力を身につけるためにはちゃんと勉強しなければならないんだよ。

ChatGPTがあるからって、本を読む力が必要ないってことはないのか。

そう。どんなにAIが進歩しても、どんな情報であっても、いかにAIが情報を整理してくれたとしても、「言語でその情報をインプットする」ということは変わらないだろうからね。ChatGPTのようなAIとコミュニケーションを取ったり、情報をインプットしたりする機会はどんどん増えて、むしろ、昔よ

りも読解力は求められるんじゃないかな？

ひえー。 国語、頑張らなきゃじゃん！

そうだよ。そのためには、まず要約力が大事だってことをお忘れなく。よかった、**ようやくわかってくれて。**

要約だけに、ようやくって？

これだから、おじさんは……。

たまたまダジャレになっただけだって（また、おじさん扱い）！ はい、じゃあ今日はここまで！

> **まとめ** ChatGPTは便利だけど、
> ChatGPTの情報を読み解く力はやっぱり必要

6時間目の振り返り

>> 学んだこと

◎ 国語ってなんで必要?
・「芯」を捉えることが国語では重要
・要約力 =「長い文章や話を一言でまとめる力」

◎ 要約力を上げるには?
・社説の要約で練習
→ 要約文をChatGPTに採点してもらう

> 文章力と読解力が身につく!

◎ 読書感想文にChatGPTを使ってもいい?
・使ってもいいけど、丸写しはダメ
・書けないときは、「ちょっとずつ書いてChatGPTに聞く」を繰り返す
・読書はAIが発達しても大切!

— ❋ やっておくこと ❋ —

・要約文を書いて、ChatGPTに見てをもらおう。
・ChatGPTに夏目漱石の『こころ』の読書感想文を試しに書いてもらい、国語の先生になったつもりで評価してみよう。

今日の感想
先生のダジャレは不発に終わった。

実践編

7時間目

ぼくたちは
AI時代に
どう学ぶか?

AIがあるから、ぼくらは勉強しなくてよくない？

はい、こんにちは。早いもので、このChatGPTの授業も今日で最後……。

……。

はぁ～。

どうしたの二人とも？　もしかして、**授業が終わるのが、名残惜しい？**

それはまったくないんですけど、ChatGPTって、すごいなって。

（ないんかい！）そ、それならいいじゃない。何をそんなに落ち込んでるの？

ChatGPTがすごすぎて、なんだか自信がなくなっちゃって……**私たちは、もう勉強したって仕方ないんだ。**

勉強するのは、AIだけでいいんじゃない？　俺らが勉強してもさぁ……。

7時間目 ぼくたちはAI時代にどう学ぶか？

また極端な方向に行ったなあ……いいかい、ChatGPTは大量の情報を速く提供してくれる。その点では、人間の能力を凌駕しているよ。でも、**答えが間違っているときもあるし、限界がある**って話はしたよね。

うん。間違った情報をネットから拾ってきちゃうんだっけ？

そう。ChatGPTが参照したウェブサイトに間違いがあると、回答も間違っちゃうんだったよね。で、それを知らずに宿題で丸写ししちゃうと、先生に怒られちゃうわけ。

ネットでときどき話題になるやつですよね。

さらには、**仮に内容が合っていても、それが求めている回答かどうかは別問題**っていう話もあったよね？

 ありました？

 ほら、この間、ショウタ君が社会の先生に怒られたことがあっただろ？

 ああ、近郊農業についての宿題でChatGPTの回答を写したら、怒られた話ね。**ほんと腹立ったなあ、あれ。**

 あのときのChatGPTの回答は間違っていなかったんだ。でも、宿題の回答としては不適切だった。

 宿題の意図を無視した内容だったんだよね。

 そう。**ChatGPTの回答が適切かどうかは、やはり人間が判断しなきゃいけない。**何かを判断するには、知識もいるし経験もいる。だから、**勉強するのは必要なこと**じゃないかな。

> **まとめ** AIが台頭してきたからこそ、
> 人間は学ぶことが必要

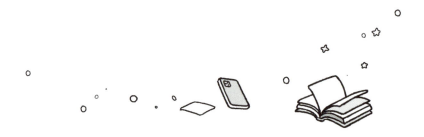

イージーアンサーに満足してはいけない

 結局、勉強はついてまわるのか。面倒だなあ。

 まあ、その「面倒くさい」って感覚はわかるよ。最近は、「タイパ」なんて言葉も流行っているしね。

 タイムパフォーマンス、でしたっけ？

 そう。せっかくだからChatGPTにも聞いてみよう。

> 「タイパ」って何ですか。

 「タイパ」とは、「タイムパフォーマンス」の略で、時間の効率的な使い方や、時間を有効に活用することを意味します。これは、限られた時間内でどれだけ多くの成果を上げるか、あるいは、どれだけ効率的に物事を進められるかを重視する考え方です。

例えば、勉強や仕事で短い時間に多くの内容を習得したり、業務を効率よくこなしたりすることが「タイパ」の良い例です。また、日常生活でも、無駄な時間を減らして有意義な時間を増やすことを心がけることが「タイパ」に繋がります。

7時間目　ぼくたちはAI時代にどう学ぶか？

タイパを考えて、最短で最高の効率で物事を終わらせることがいい、という価値観は、最近どんどん広がっているんだよね。

動画も倍速で見るもんなあ。

でも、そういう感覚でChatGPTを使いまくると、**頭が悪くなってしまう。**

あ、頭が悪く……。

そう。ネットやChatGPTで得られた簡単な回答を「答え」だと鵜呑みにして、自分で考えないからだよ。**「簡単に考えられる、表面上だけの答え」**のことを「イージーアンサー」と呼ぶんだけど、このイージーアンサーで満足してしまう人が最近多いんだ。**生徒の中にも増えている気がするな。**

そんなこと言われると、**ChatGPTを使わないほうがいいんじゃないか**って思っちゃいますけど……。

そういうことじゃない。ちゃんと適切な使い方をしようね、って言っているんだ。考えて答えを出すのはあくまでも自分。**ChatGPTは、あくまでも「自分で答えを出すためのツール」**として使わなければならないんだ。

> **まとめ** 効率だけを考えてChatGPTを使ってはいけない

そもそも勉強する意味って？

でも、「考える」って改めて言われると難しいなあ。

そんなことはないさ。簡単だよ。**「本当かなあ」「どうしてなんだろう」って、疑問に思って調べてみるだけでいいんだよ。**「自分の人生、これからどうするかな」とか「どんな高校行こうかな、どんな大学行こうかな」って、ぼんやり考えることでもいいんだ。

うーん。イマイチ、ピンと来ないような……。

そもそも二人は、**なんで勉強しなきゃならないか**って、考えたことある？

なんで勉強しなきゃならないか？

アレでしょ？　学歴をゲットして、年収の高い職業に就くためでしょ？

なんだその超現実的な答え！？　いやいや、もっと本質的な答えがあるんだって！

本質的ねえ。

結局ね、**人間って、迷うんだよ。**例えば、ぼくらが進化する前のただの猿だったら、こんなに迷うことはなかった。

「高校、どこ行こうかな？」「文系行こうかな、理系行こうかな？」なんて考えることはなかった。選ぶ必要もなかったし、選んだとしても、「うーん、こっちでよかったのかな？」なんて考えることもなかった。

まあ、それはそうでしょうけど。

でも、人間は進化してしまった。頭がよくなってしまって、迷って悩むようになってしまった。

うーん。空を飛んでる鳥なんか見てても、悩んだり苦しんだりせずに、ただ楽しく空を飛んで生きてる感じするもんな。

そういうこと。しかも厄介なことに、我々って、**どんな道を選んでも、結局悩むんだよ。**

どんな道を選んでも？

例えば、「うーん、○○高校に入学したのはいいけれど、本当にこっちでよかったのかなあ」とか「文系を選んだけど、本当は理系のほうがよかったんじゃないか」とか、選んだ後も悩んじゃうんだよね。

あー、どっちのゲーム買おうか迷うとき、結局もう1つのゲームのことも気になっちゃうもんな。

後悔とかしたくないけど、でも結局、後悔しちゃうんだよね。

そうなんだよ。結局人間、迷って悩んじゃうんだよ。どんなに悩みが少なそうな人でも、悩むことだってある。

先生も悩むことあるんですか？

あるよ！ いっぱいある！ 悲しいことに、**大人になればなるほど、増えてくるね！**

えー、そうなの!? なんか、大人になりたくないなあ。

でもさ、だからこそ、<u>勉強しておくことには意味がある</u>んだよ。悩んだり迷ったりするときに、「こっちのほうが正しいはずだ！」「こっちの選択肢のほうが正しいんじゃないか？」って考えることができるようになるんだ。

うーん、勉強ってそんな役に立つかなあ。

役に立つことはたくさんあるし、役立てようとさえ思えば、役立てられると思うよ。歴史を勉強すれば、「これって、過去の〇〇さんも、同じように迷ってたな。それで、こういう結論を出していたんだった。それを参考にして考えてみると、こっちを選んだほうがいいかな」って考えることもできるよね。

あ、それはわかるかも。私も、「あの小説の主人公だったら、この悩みをどう考えるだろう？」って考えたりするもん。

そうそう。**勉強って、悩んだり迷ったりしたときの道しるべになるんだ。**そして、ChatGPTも、ぼくらが悩んだり迷ったりしているときの判断材料をくれるかもしれないんだ。

ふーん。ってことは、ChatGPTを使うのも、勉強と同じだってこと？

ぼくはそう思っているよ。**悩んだり迷ったりしたときの手段を提供してくれるものって意味では、勉強もChatGPTも変わらないんじゃないかな。**

そういうもんか……なるほど……。

逆に言うと、**人間、悩んだり迷ったりしなくなったら終わりだよ。**猿に逆戻りしちゃうのとおんなじだよ。きちんと悩んで迷うべきだ。「まあ、細かいこと考えず、この高校でいいんじゃないかな！　家から近いし！」みたいに考えてばっかりだったら、頭もよくならないし、勉強したりChatGPTを使ったりする意味もないんだよね。

うう、ちょっと耳が痛いかも。

 ちょっと適当に考えすぎてたかもな、将来とか。

 そう気づけただけいいんじゃない？　まあまとめると、ぼくらはずっと、悩んだり迷ったりするんだ。そういうとき、結局いろいろ考えちゃう。そのときにこそ、勉強やChatGPTが力を貸してくれるわけだよ。

まとめ ぼくらは悩む。だから学ぶ

結局、何を勉強すべき?

 でも、**勉強するって何を勉強したらいいの？**

 覚えることなら、ChatGPTに勝てないし……。

 好きなことでいいんじゃない？

 え？

 入試のためなら、教科の勉強をしなければいけないよ。

でも、これからの時代に必要かどうかって言われたら、**何でもいいんじゃない？**

数学とかプログラミングじゃないんだ。

興味があるならいいよ。でも、**自分たちの「好き」を究める選択肢もある。**好きな本のことを調べてみてもいいし、歴史漫画を読んでいて気になったことを調べてもいいしね。

でも、自分の好きなことばかりやっててもいいのかな。もっと人に役立つことをするほうがいいんじゃない？

そうだな。好きなことやってても、生活できないと困るし。

意外とまじめだなあ……。まあ、確かにその観点は大切だよ。でも、VUCAの時代だと、ちょっと違う考え方をしてもいいんじゃないかな。

ぶーか？　ああ、最初の授業で言ってた時代はどんどん変わるって話？

そう。これから先、何が役立つかなんて、誰にもわからない。今ある仕事だって、いつなくなることか……。

じゃあ、**お先真っ暗じゃない？**

だから、**学び続けることが大事なんだよ。**もっている知識もそのうち古くなるし、新しいものが世にどんどん出てくる。「何をどう学ぶか」「自分には何ができるか」を、考えないといけないんだ。

学び続ける……**一気にテンション下がった。**

学校の勉強をイメージすると、そうかもね。でも、好きなこと、夢中になれることならどう？　続けられそうでしょ。

じゃあ、私は猫が好きだから、猫の勉強しようかな。

いいんじゃない。そこから、生物学や獣医学にいろいろ広げることもできるし、動物に関わる仕事だって、たくさんあるわけだし。

俺はゲームだな。プロのプレイヤーになろうかな。

7時間目　ぼくたちはAI時代にどう学ぶか？

195

いいじゃないの。eスポーツも盛んになってきたし。

アンタは、ただ勉強サボりたいだけでしょ。

まあ、否定はしない。

実は、日本のeスポーツ選手はしっかりと学校の勉強をこなしつつ、険しいプロの道に進んだ人が多いんだよ。

そうなの？

うん。きっと勉強でもゲームでも、最少の時間で最大限の効果が上がるように戦略的に考えたんだ。逆に言えば、そういうことができないと、プロとして生き残るのは厳しいということなんじゃないかな。

うう、俺には無理かも……。

あきらめるのは早いよ。ちょっとでも気になったら、「自分に何が足りないか」を考えて、一歩を踏み出してみたらいいんだ。

「好き」を学びにつなげよう

勉強で大事なのは take の姿勢

 結局、20年後、30年後はどうなっているんだろう？

 さて、**それは誰にもわかんないだろうね**。車が空を飛んでいるかもしれないし、ドラえもんが開発されているかもしれない。

 マジ？　どこでもドアとか開発される？

 どこでもドアはまだ先かもしれないけど、他の道具とかだったら、案外近いものは開発されつつあるかもよ？　例えば、ドラえもんの秘密道具だと「グルメテーブルかけ」っていう道具があって、オーダーした料理が目の前に現れるってものだったけど、割とUber Eatsって「グルメテーブルかけ」だよね。**ドラえもんの世界も、あながち遠くないのかもしれないよ？**

 そ、そう言われると近いっちゃ近いかも。

 でも、どんな時代になるかわからないけれど、これだけは言える。**勉強の価値は、もっともっと高くなるよ。**

 ええー？　ほんと？

 こんなにChatGPTがなんでも教えてくれるのに？

うん。だって、**どんどん新しい技術が開発されて、ChatGPTを使いこなせる人と使いこなせない人で大きな差が生まれていく**。うまく使える人はどんどん自分の頭をよくすることができるけれど、そうではない人は、そのまま置き去りになっちゃう。結局、**新しいものをどう使いこなすのかを学び続けなければならないんだよ。**

わかるような、わからないような……。

うーん、学び続けるって、あんまりイメージできないなあ。机に向かって頑張って勉強しなきゃならないってこと？

ちょっと違うかな。**二人は、「授業を受ける」って英語でなんて言うか知ってる？**

「授業を受ける」……？ Listen to the class、とか？

それが違うんだよね。**Take a classなんだよ。**

あー、英会話の授業のときに、英語の先生が言ってた気がする。「Let's take a class!」とかって。

そうそう、それそれ。つまりさ、**勉強って、「自分から取りに行くもの」**なんだよね。

取りに行く？ ああ、takeには「取る」って意味があるか。

先生の話を聞いていれば頭がよくなるわけじゃなくて、人の話をしっかり聞いて、「それってどうしてなんだろう？」「今の話って、前に聞いたこの話と似ているな」とか、**そんなふうに自分で考えなきゃいけないんだよ。**

ただ聞いてるだけじゃダメ、取りに行かなきゃダメ、か……。

考えたり、調べたり、質問したり……takeの姿勢はちょっとしたこと

ChatGPTも同じ。ChatGPTの言うことをただ聞いているだけだとダメだ、って話は2回目の授業で話したよね？

疑いの目をもって話を聞かなきゃならない、って話？

7時間目　ぼくたちはAI時代にどう学ぶか？

そうそう。きちんと、自分でChatGPTの言うことに対して「これってどうなのかな？」って考えなきゃダメ、って話だったよね。**それは言ってしまえば、「take」の姿勢なんだよ。**ただ聞いているだけじゃなくて、自分から、取りに行っているんだ。そして、そういう姿勢がある人は、他に新しい技術が生まれても、自分から取りに行けるし、うまくその技術を生かせるようにもなっていくんだよ。

ああー。なんか、当たり前だけど、この授業も勉強の一環なんだよな。そういう意識をもって先生の話を聞いてなかったけど、ChatGPTというものをどう使えばいいのか、ってことをtakeしているんだよな、俺たち。

そうそう。二人は、こうやって言葉を交わしながら、ぼくの話を聞いてくれていたわけだし、二人はしっかり考えられてきていると思うよ。**そういう姿勢が、これからの時代では求められるんだよ。**

> **まとめ** 未来はわからない。
> でも、勉強の価値はきっと高まる

しっかり悩むから、たくましくなれる

でも、結局、**新しい技術とどう向き合えばいいのか、わからないような……。**

それでいいんだよ。**別にぼくの言っていることが正しいってわけじゃないからね。**

え？

何度も言う通り、これからの時代について、完璧な予想ができている人なんて誰もいない。ChatGPTみたいなものが作られるってことも、誰も思いついていなかった。**そんな時代に「わかった」と片付けてしまうのは、とても危険**なんだ。

危険？ 「わかる」って、いいことなんじゃないの？

実はそうとも限らない。「わかる」って漢字でどう書くか知ってる？

「分かる」ですか？

そう。**ぼくたちの頭の中には、２つの箱がある。**「わかった」の箱と、「わからない」の箱。知識や疑問を、このどちらの箱の中に入れるのかを「分ける」作業が、思考を整理するってこと。その上で、「わかった」の箱に一度ボールを入れると、そのボールはもう見返さなくなってしまう。わかった気になったから、もうこのボールはいいやって、見返さなくなってしまうんだ。

問題集でも、一度解けた問題は飛ばしちゃったりするもんな。

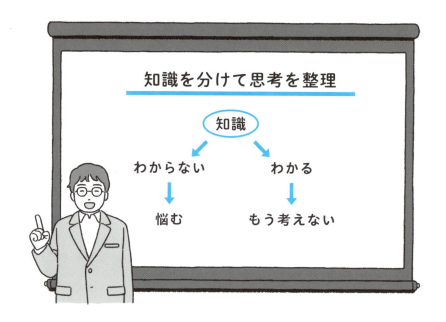

　一方、「わからない」の箱にボールを入れたら、ずっとそのボールを見返すことになる。わからないから考えるし、わからないから悩む。

　「わからない」って、**スッキリしないんですけど。**

　確かに気持ち悪いよね。でも、**それがみんなをたくましくするんだ。**簡単な答えに満足せず、粘り強く考えて、ときに試してみる。それができれば、ChatGPTもうまく使いこなせるし、いろんな困難にも立ち向かっていけるはずだよ。

　「わかったと思ったらうまく使えない」「わからないと思っている人のほうがうまく扱える」……とんちみたい。

要するに、**疑問をもって、「わからない」と思って話を聞く**ってこと。ChatGPTの回答も、ここでぼくが語っていることもね。

なんか、**結論が出てない気がするんですけど……**。

それでいいんだよ。結局、**自分の人生は自分で考えなきゃなんない**。これはぼくの勝手な持論だけどね。生きていく上で「答えのない問い」を考える時間をもつのは、とても重要だと思う。「どう生きるべきなのか」「どんな進路に進むべきか」「どうしたら幸せになれるのか」、生きていく上で重要な問いのほとんどには「答え」はない。でも、それを考えて生きていかなければならないのが人生なんだ。そして、その「答え」を考えるまでの時間が、自分の価値観として育っていく。

人によって、答えなんて違うしな。

そう。ここだけはChatGPTに任せられないところなんだ。先行きが見えない世の中だけど、**答えのない問いの答えをAIに求めてはいけない**。これは、これからも変わらないんじゃないかな。

へえ、**先生もたまにはいいこと言うんだね**。

やればできるじゃない。

あ、ありがとう（いつも、いいこと言ってたんだけどなあ）。はい、じゃあ、今日の授業はこれで終わり！

> **まとめ** 「答えのない問い」の答えは、自分たちで見つけ出す

7時間目の振り返り

>> 学んだこと

◎ 勉強って必要？
・AIは質問の意図をくんだ判断ができない
→ 人間の知識や経験はこれからも大事！
・悩んだときに勉強したことが生きる！

人間は悩む生き物！

◎ 何を学んだらいいの？
・好きなことでOK！
　教科に限らない（受験は除く）
・何を、どう学ぶかも自分で探す

勉強はtakeの姿勢で！

◎ 新しい技術にどう向き合う？
・イージーアンサーに満足しない
・「わからない」ことは、悩み続けていい
→「答えのない問い」の答えは、私たちで見つける！

❀ やっておくこと ❀

・これから新たに出てきそうなもの、なくなりそうなものを想像してみよう。
・自分が夢中になっていること、好きなことを挙げてみよう。

今日の感想
先生、ありがとうございました。

7時間目 ぼくたちはAI時代にどう学ぶか？

監修者から
ずっと学び続けられる大人に

　ここまでこの本を読んでいただき、ありがとうございました。
　この本で伝えたかったのは、「どんなにAIが発達しようとも、結局それを扱うのは人間である」ということでした。新しい技術ができたとしても、その技術を理解し、指示を出し、使いこなすことができるのは、人間です。どんなに優れた機械があったとしても、その仕組みを理解しておかないと、その機械をうまく扱うことはできませんし、その機械が故障したときや間違った出力をしたときにも直したり修正したりすることができません。
　新しい技術を使うということは、ただその操作方法を学べばそれで「終わり」ではありません。新しい技術を知り、その使い方を自分で考えなければならないのです。
　「でも、車がどうやって進むのか、説明できないままに多くの人は車を使っているじゃないか」と考える人もいるかもしれませんが、しかし「車がどうやって進むのか」を知っていないと、困る場面だって出てくるはずです。エンジンがどういう構造で動いているのか知っていれば、エンストしない運転の仕方ができるし、エンストしても対応できますよね。「どうしてこの機械が動くかわからない」というままでは困るわけです。

監修者から

　だから**結局人間は、勉強しなければなりません。**どんなにAIが進歩しようとも、新しい技術が生まれようとも、こればっかりはどうしようもありません。しかも、10代で勉強を終えるのではなく、20代になっても30代になっても、場合によっては100歳になったって学ばなければならないのです。

　その中で重要なのは、最後の章でもお話しした通り、**「常に考え続け、学び続けること」**だと思います。10代のタイミングでそのことを学ぶことができれば、20代になってからもその先でも、きっとそうし続けることができるはずです。

　手のひらを上向きにすると、「そこに何かを載せてくれ」という物乞いのポーズになります。それに対して、手のひらが下向きになると、「何かを掴み取ろう」というtakeのポーズになります。その違いは、手のひらがどっちを向いているかということでしかありませんが、しかし、この違いによって、これからの時代はすべてが大きく変わってしまいます。

　学び取ろうとする姿勢を忘れないこと。常にtakeし続けること。

　そうする中でこそ、これからの時代を乗りこなせるようになるのではないかと思います。この本を通して、みなさんが学び続けられる大人になってもらえるのであれば、こんなに嬉しいことはありません。ありがとうございました！

西岡壱誠

イラスト　植田たてり
本文DTP　株式会社フォレスト
特別協力　新倉和花　永田耕作　奥村亮太　串橋 岳

ぼくたちはChatGPT(チャットジーピーティー)をどう使(つか)うか

著　者──東大カルペ・ディエム（とうだいかるぺ・でぃえむ）
監修者──西岡壱誠（にしおか・いっせい）
発行者──押鐘太陽
発行所──株式会社三笠書房
　　　　〒102-0072 東京都千代田区飯田橋3-3-1
　　　　https://www.mikasashobo.co.jp
印　刷──誠宏印刷
製　本──若林製本工場

ISBN978-4-8379-4026-5 C0037
Ⓒ Todai Carpe Diem, Printed in Japan

本書へのご意見やご感想、お問い合わせは、QRコード、
または下記URLより弊社公式ウェブサイトまでお寄せください。
https://www.mikasashobo.co.jp/c/inquiry/index.html

＊本書のコピー、スキャン、デジタル化等の無断複製は著作権法上での例外を除き禁じられています。本書を代行業者等の第三者に依頼してスキャンやデジタル化することは、たとえ個人や家庭内での利用であっても著作権法上認められておりません。
＊落丁・乱丁本は当社営業部宛にお送りください。お取替えいたします。
＊定価・発行日はカバーに表示してあります。